労働保険の
実務相談

令和2年度　令和2年4月1日現在

全国社会保険労務士会連合会【編】

中央経済社

ま え が き

　今般の新型コロナウイルス感染症の流行による日本企業への影響は甚大である。このような状況下，企業の人事労務管理において，その基本となる労働関係諸法令の正しい理解がますます重要となっている。その中で，労働保険制度は，労災保険給付や雇用保険の失業等給付を通じて労働者の福祉の向上と増進に大いに寄与していることはいうまでもない。一方で，事業主はこれら労働保険の事業を円滑に運営していくため，保険料を適正に納付する義務を負っている。

　労働保険制度は，働く者にとって使用者に対する信頼の基礎となるものであるため，実務上正しく理解するためには，法令のみならず厚生労働省の示す行政解釈の役割が大きく，この理解なくしては，実際に災害が生じた場合あるいは従業員の就職・離職等における各種相談・手続等が適正に行えないこととなる。

　したがって，本書は，労働保険制度という労災保険法，雇用保険法および労働保険徴収法について，それぞれの法令ごとに，実務上生ずる具体的疑問を題材として，その考え方，取扱い方法についてわかりやすく解説したものである。この実務相談が，社労士はもとより，企業の実務担当者のよき相談書として活用されれば幸いである。

　最後に，本書の刊行にあたって，中央経済社に対し，この紙面をかりて，心から謝意を表する次第である。

令和2年6月

全国社会保険労務士会連合会

凡　例

この本において，法令を引用するときには次のような略称を用います。

労働基準法 ……………………………………………………	労　基　法
労働者災害補償保険法 ………………………………………	労災保険法
労働者災害補償保険法施行令 ………………………………	労災保険令
労働者災害補償保険法施行規則 ……………………………	労災保険則
雇用保険法 ……………………………………………………	雇　保　法
雇用保険法施行令 ……………………………………………	雇　保　令
雇用保険法施行規則 …………………………………………	雇　保　則
労働保険の保険料の徴収等に関する法律 …………………	徴　収　法
労働保険料の徴収等に関する法律施行規則 ………………	徴　収　則
労働保険審査官及び労働保険審査会法 ……………………	労　審　法
労働施策の総合的な推進並びに労働者の雇用の安定及び職業生 活の充実等に関する法律（旧雇用対策法）…………	労働施策総合推進法
厚生労働省（旧労働省）が労働基準局長名で発した通達 ……	基　　　発
厚生労働省（旧労働省）が労働基準局長名で疑義に答えて発し た通達 ………………………………………………………	基　　　収

目　次

第1編　労働者災害補償保険法

① 業務上，業務外の認定　2

Q 1　従業員慰労宴会の二次会帰途における転落死は業務上か？　2

Q 2　残業で会社の寮に泊まらせ，負傷した事故は労災か？　3

Q 3　いったん出社した後の外勤中事故は出張中の事故か？　6

Q 4　健保組合主催の野球大会で負傷した事故は労災か？　8

Q 5　重い物を持ったことによる腰痛症は業務上疾病になるのか？　10

Q 6　作業中くも膜下出血で死亡した場合，業務上になるのか？　12

Q 7　自殺は業務上災害になりうるのか？　16

Q 8　セクハラを受けたことによる精神障害は，業務上災害になるか？　17

② 通勤災害　19

Q 9　通勤災害により保護される場合とは？　19

Q10　就業時間後に麻雀をして帰宅途中の事故は通勤災害か？　20

Q11　帰宅途中に美容院に立ち寄った帰りの事故は通勤災害か？　22

Q12　免許証不携帯でマイカー通勤途上に負傷した場合は通勤災害か？　24

③ 労 働 者 26

Q13 自動車持ちこみの専属運転手は労働者として労災給付を受けられるか？ 26

Q14 バイシクルメッセンジャーおよびバイクライダーは労働者か？ 28

Q15 下請負の事業主は，元請けの労災保険の適用はないのか？ 29

Q16 役員報酬のみの取締役総務部長は労働者として労災の適用があるか？ 31

Q17 在宅勤務者に労災保険は適用されるのか 33

④ 労働基準法の災害補償と保険給付等の関係 35

Q18 労働基準法の災害補償と保険給付等の関係およびその種類とは？ 35

Q19 労災保険からの休業補償給付を受けている者は，労働基準法第19条の適用を受け，解雇できないのか？ 36

⑤ 給付基礎日額 38

Q20 算定期間2週間未満の場合の給付基礎日額の計算は？ 38

Q21 休業補償給付の額は，受給が長期化すると額が減るのか？ 39

Q22 複数就業者の労災事故における給付基礎日額の計算対象は，一事業者のみなのか？ 42

⑥ 療養（補償）給付 43

Q23 2年前の骨折を再手術した場合，継続して療養補償給付が受けられるか？ 43

Q24 指定病院に療養の給付請求書の提出が遅れた場合の手続は？ 45

目　次　3

Q25　治ゆし退院する場合の車賃は給付されるか？　46

Q26　通院費用は労災の給付対象にならないのか？　48

7　休業（補償）給付　51

Q27　未支給の休業補償給付の請求権者は誰か？　51

Q28　休業期間中に賃金を支払うと休業補償給付は減額されるのか？　53

Q29　労災の休業補償給付受給中に業務外による傷病手当金は受けられるか？　55

8　障害（補償）給付　57

Q30　頭部打撲による難聴の障害補償の請求は退職後でなければできないのか？　57

Q31　同一手指の人差し指の亡失と親指の用廃の障害等級は何級か？　59

Q32　右眼失明の後，左眼失明した場合の障害等級は何級か？　61

Q33　人目につく部分の障害（傷跡）による障害等級に，男女差はあるか？　64

9　遺族（補償）給付　66

Q34　前払一時金と年金は同時に受けられるのか？　66

Q35　先夫との間の子，現在の夫との間の子，どちらも遺族補償の受給権者か？　68

Q36　別居している母親に送金していた場合，遺族補償年金は受けられるか？　70

Q37　夫の死後，実家の籍に戻ると遺族補償年金は受けられない？　71

4　目　次

　　Q38　無免許運転で死亡した場合，遺族補償給付は受けられる
　　　　　か？　74

⑩　介護（補償）給付　76

　　Q39　介護補償給付の支給要件と支給額は？　76

⑪　二次健康診断等給付　80

　　Q40　二次健康診断等給付はどのような場合に受けられるか？　80

⑫　自賠責保険と労災保険　82

　　Q41　自賠責から保険金を受領すると，労災保険給付は受けられない
　　　　　のか？　82

　　Q42　交通事故でケガをさせ，相手に過失があった場合，相手の労災
　　　　　保険の支給はどうなるのか？　84

⑬　特別加入　87

　　Q43　建設事業の下請負の社長も保険給付を受ける方法があるの
　　　　　か？　87

　　Q44　白ナンバーの運転手の負傷は労災保険の適用があるのか？　89

　　Q45　本社，工場とも業務のある役員の特別加入は，両方の事業所で
　　　　　加入するのか？　91

　　Q46　海外派遣者は特別加入できるか？　93

　　Q47　家事使用人は，労災保険に特別加入できるのか？　94

　　Q48　労働組合法に規定する労働組合の常勤役員は，特別加入するこ
　　　　　とができるのか？　96

14 その他 97

Q49 労災保険の傷病補償年金と障害厚生年金を同時に受ける場合の調整は？ 97

Q50 労災未加入中の事故を，健康保険から労災保険に切り替えることができるか？ 99

Q51 労災認定された傷病に対して，過去に健康保険から給付を受けていた場合の調整は？ 100

Q52 自動車事故で加害者が示談を求めてきた場合はどうすればよいのか？ 101

Q53 以前に石綿関連の仕事をしていたが，発症した場合，石綿健康被害救済制度または労災保険からの給付が受けられるか？ 103

Q54 個人番号法施行に伴う労災保険に関する手続の変更点は？ 104

第2編　雇用保険法

1 適用関係 108

Q55 社員が転勤した場合の雇用保険の事務手続は？ 108

Q56 アルバイト・臨時雇などは雇用保険に加入しなければならないのか？ 109

Q57 パートタイマーは，すべて雇用保険に加入させなければならないのか？ 111

Q58 雇用保険法上の労働者の範囲は？ 112

Q59 営業所を新設した場合の手続は？ 114

Q60 雇用保険の手続は，電子申請でなければ受け付けてもらえないのか？ 116

6 目 次

Q61 従業員4人以下の自営業でも雇用保険の加入は義務か？ 117

Q62 関連会社に出向させる場合の手続は？ 118

Q63 2月以上日雇労働被保険者を雇用した場合の一般被保険者への切替え手続は？ 120

Q64 60歳定年到達者を再雇用した場合，被保険者資格はどうなるのか？ 122

Q65 65歳以降の被保険者への給付は？ 保険料等は？ 123

Q66 在日外国人は，雇用保険に加入できるのか？ 外国人技能実習生も加入できるのか？ 124

Q67 ワーキングホリデー制度によるアルバイターは，被保険者になれるのか 125

Q68 在宅勤務者は，雇用保険に加入できるのか？ 125

Q69 取締役総務部長は被保険者になれるのか？ 126

Q70 被保険者証を重複して交付を受けた場合の処理は？ 128

Q71 資格取得者の届出が遅れた場合，被保険者資格取得日はいつになるのか？ 129

---

② **保険給付** 131

Q72 労働者を解雇したとき事業主が行う手続は？ 131

Q73 長期療養後退職した場合，基本手当は受けられるか？ 133

Q74 月給者，日給者等の違いにより被保険者期間の計算方法は違うのか？ 134

Q75 公共職業安定所の失業認定日は変更できるか？ 135

Q76 未払い賃金，傷病見舞金は，離職証明書に記載するべき賃金なのか？ 137

Q77 定年退職者等は，基本手当の受給期間を延長できるのか？ 139

Q78 雇用保険被保険者資格喪失届の喪失原因欄はどのように書けばよいのか？ 140

目　次　7

Q79　契約期間6カ月の季節的雇用者は，期間満了後失業等給付が受けられるのか？　142

Q80　70歳で退職した者は失業等給付が受けられるのか？　給付制限はあるのか？　143

Q81　基本手当を受給するためにはどのような手続が必要か？　144

Q82　Ａ社退職後Ｂ社に勤務し，解雇された者の基本手当は何日分か？　146

Q83　合理化のために解雇する者は，基本手当をすぐ受給できるのか？　受けることができる期間は？　150

Q84　離職後何カ月も経過後に再就職した場合，再就職手当は受けられるか？　152

Q85　再就職手当に上乗せ給付はあるのか　155

Q86　求職者給付受給中私傷病にかかった場合に傷病手当が受けられるか？　156

Q87　公共職業訓練等を受けた場合に，給付日数が増えるのか？　158

Q88　移転就職する場合，移転費は支給されるのか？　160

Q89　60歳以降に給与が下がった場合，雇用保険から何か給付があるか？　162

Q90　出産後，育児休業を取得した場合，育児休業給付はいつまで受けられるか？　164

Q91　期間雇用者でも育児休業給付は受けられるのか？　166

Q92　家族を介護するために休業した場合，介護休業給付金は幾らぐらいもらえるのか？　167

Q93　雇用保険の給付として，教育講座の費用を助成してくれる制度があるのか？　169

8　目　次

---

③　その他　173

Q94　自営業の開業準備期間は,基本手当を受けられないのか？
173

Q95　受給処分に不服がある場合の審査請求手続は？　175

Q96　個人番号法施行に伴い,雇用保険に関する手続の変更内容
は？　176

Q97　失業等給付の受給者が死亡した場合,未支給分は誰ももらえな
いのか？　178

第3編　労働保険徴収法

---

①　適用関係　182

Q98　事業の種類を異にする2つの事業を行う建設業の労災保険率
は？　182

Q99　機材を運び込む途中の事故の労災適用は元請けか下請けか？
184

Q100　有期事業のうち,一括される要件は何か　185

Q101　一括有期事業の場合,賃金算定は請負金額のみによるのか？
186

Q102　機械メーカーが据付工事を行った場合,労災保険の取扱いは？
188

Q103　製造業における下請負業者は労働保険に加入できるのか？
190

Q104　建設事業において下請負人を事業主とした場合,元請負人には
どんなメリットがあるのか？　192

目　次　9

Q105　継続事業の一括を申請するための要件は何か？　194

Q106　新年度から，手続は電子申請でなければ受け付けてもらえない
　　　　のか？　195

2　**一般保険料**　196

Q107　財産形成貯蓄奨励金は，労働保険料の算定基礎となる賃金総額
　　　　に含めるべきか？　196

Q108　労基法26条の休業手当は賃金総額に含めるのか？　197

Q109　現物給与を支給した場合，賃金総額に算入すべきか？　その時
　　　　の評価額は？　198

Q110　建設業の有期工事における保険料延納の仕方は？　199

Q111　下請負事業分離承認の場合の保険料率は元請けのものか下請け
　　　　のものか？　202

Q112　下請負事業分離承認の場合の保険料の算定の仕方は？　204

Q113　退職時の未払賃金と退職金は保険料徴収の対象となる賃金
　　　　か？　205

Q114　アルバイトの賃金を保険料の計算対象から除いた場合，追徴金
　　　　が課されるか？　206

Q115　雇用保険印紙の入手方法は？　207

Q116　雇用保険印紙の貼付方法は？　209

Q117　雇用保険率が毎年変更されるのは何故か？　210

Q118　労災保険率が，３年ごとに改定されるのは何故か？　211

Q119　雇用保険に加入中の高齢者の雇用保険料は，免除されるの
　　　　か？　212

Q120　保険料を納期限を過ぎても納付しない場合のペナルティー
　　　　は？　213

Q121　見舞金を支給した場合の各種保険料は控除すべきか？　215

10　目　次

③ 費用徴収　218

Q 122　労働保険の成立手続を怠っている間に，労災事故が生じ保険給
　　　　付された場合はどうなるのか？　218

④ 特別加入　220

Q 123　中小事業主が労災保険に特別加入する方法と保険料の計算方法
　　　　は？　220

Q 124　バイク便事業者は，労災保険に特別加入することができる
　　　　か？　222

⑤ 労働保険事務組合　224

Q 125　労働保険事務組合の認可を受けられる基準と手続は？　224

Q 126　雇用保険加入を望まない事業主を納得させる方法は？　225

付録　特定受給資格者及び特定理由離職者の範囲と判断基準　227

第1編
労働者災害補償保険法

2　第1編　労働者災害補償保険法〔Q1〕〔Q2〕

1 業務上，業務外の認定

Q1 従業員慰労宴会の二次会帰途における転落死は業務上か？

　当社は従業員350人の建設会社です。先日，工事竣工のとき，従業員の慰労もかねて，宴会を催しました。宴会が終了してから，さらに20〜30人の有志による二次会がもたれましたが，二次会に出席した1人が，二次会終了後の帰り道，川に転落し，死亡してしまいました。原因は泥酔によりあやまって川に転落したものです。この場合，業務上と判断されますか。なお，宴会，二次会とも出席は強要されていませんでしたが，宴会の費用は，全額会社が負担したものです。

Ⓐ　結論から申しますと，ご質問の災害は業務外のものと思われます。したがって，労災保険の保険給付を受けることはできません。

　業務上の死傷病と認められるためには，その死傷病の発生が業務遂行中であったことを原則としており，かつ，その死傷病と業務との間に相当因果関係がなければなりません。業務についていることを「業務遂行性」といい，事業主の支配下にあれば，業務遂行性が認められますが，事業主の支配下にあっても，労働者の行為のなかには，業務と全く関係のない私的な行為も含まれますので，さらに，その死傷病が業務に直接原因して発生したことが必要です。これを「業務起因性」といっています。

つまり，業務上外の判断は，業務起因性が認められるか否かですが，その業務起因性を判断するための第1次的判断基準として業務遂行性が認められなければなりません。

一般によく見うけられる工事竣工などの宴会については，その宴会の目的，内容，参加方法などから判断しなければなりません。ご質問の場合，慰労を目的としたものであり，出席も強要されていないことから，業務ではないと考えられます。たとえ一次会が労務管理上の必要から慣例として行われ，出席が強要されていて業務とみなされる場合であっても，一次会から退場する時点をもって業務終了とみなければなりません。

しかも，ご質問の二次会は，有志によるものであり，業務とみることはできません。会社がその費用を負担したといっても，全く恩恵的なもので，費用負担の事実をもって業務とみることもできません。したがって，二次会帰途における災害は業務起因性がなく業務外のものとなります。

Q2 残業で会社の寮に泊まらせ，負傷した事故は労災か？

当社は印刷業を行っていますが，注文先の都合で従業員に急に残業をしてもらうことがあります。先日も仕事の都合で印刷工員5人を夜11時まで働かせました。そして，遅くなったので5人を会社の寮に宿泊させましたが，そのうちの1人が寮の階段から足を滑らせ転落し，腰を打ち約1カ月間休みました。

このような事故は，労災扱いになるでしょうか。なお，この会社の寮は，宿泊のため設けてあるのではなく，従業員の厚生施設としてのもので，会社の敷地内にあり管理人が1人常駐していますが，通常従業員は宿泊しておりません。

4　第1編　労働者災害補償保険法〔Q2〕

A 　　結論から申しますと，転落したことが，私的行為，恣意行為等でなければ業務上の災害として労災扱いになると認められます。

　ご質問によれば，労災扱いについての疑問があり，それ故のご質問と思われます。何故に労災扱いとすることに疑問があるのか，そこに業務上外認定の問題があると認められますので，その辺のところから考えてみましょう。

　それは，第一に通常の業務（貴社の場合は印刷という業務）は終わっているから，寮に宿泊し寮の階段から落ちて負傷したことは，業務と関係がないことであり，労災扱いにならないのではないかという考えによるものと思われます。

　したがって，業務と寮に宿泊するということの間に，何らかの結びつきがあれば，労災扱いになるとも考えられます。たしかに，その日の業務は残業の終わった時点で終了していますが，残業者が夜11時まで仕事をして遅くなったという理由で，寮に宿泊させたことは全く業務との関係がないわけではありません。おそらく，それは遅くなったからそれぞれの家まで労働者が帰ることは大変だろうという使用者の配慮からなされたものと考えられます。

　ご質問の内容だけでは明らかではありませんが，寮に宿泊したのは，労働者の恣意（自由勝手な考え）によるものとは思われません。夜の11時まで残業して，疲れてもいることだろうから家に帰ることは明日の労働にも支障があると使用者は判断して，強制まで至らないとしても，寮に宿泊するよう指示したものと考えられます。

　そうだとすれば，それは時間外労働に伴う必然的なものであって，寮に宿泊することは使用者の管理下にあるものと認められます。使用者の管理下にあるものと認められるなら，それが直接通常の業務でなくても業務との関連があるといえます。業務との関連がある以上，業務上の事由によるものと一応認めてもよいわけです。

　しかし，業務との関連があればすべてが業務上と認められるものではありません。業務との関連があるだけでは不十分なのです。その発生した事故が業務と相当因果関係がなければならないのです。

　そこで次に問題となるのは，宿泊した寮の階段から落ちて負傷したことが，業務との関連があるかという点です。寮に宿泊したことが時間外労働に伴うものとして，使用者の管理下にあるものとして認めることができても，寮の階段

から落ちて負傷するということは，必ずしも業務との関連性があるとは認められません。

　厚生労働省の行政解釈として，事業場施設内で行動中の災害あるいは事業場施設の利用中の災害については，それが当該施設またはその管理に起因していることが証明されれば，業務起因性が認められ労災事故として扱われることになっています（たとえば，「通路の不備による感電死」「寄宿舎浴場で入浴中の感電死」「作業開始前の焚火による火傷」などの業務上扱い）。

　ご質問の場合，その寮の管理に起因して転落負傷災害が発生したものかどうかが問題となるわけです。具体的には，その寮の階段から転落した原因が，階段が滑りやすい状態になっていたとか，階段の場所の照明が薄暗かったとかの施設の管理上の欠陥によるものでない限り，一般に業務起因性は認められないということになります。しかし，現在の取扱いは階段から足を滑らせて転落することは，その施設の管理上の欠陥の有無にかかわらず通常あり得ることですから，とくに施設の欠陥がなく私的行為，恣意行為等にわたるものを除き，業務上として扱うべきだという考え方になっています。

6　第1編　労働者災害補償保険法〔Q3〕

Q3 いったん出社した後の外勤中事故は出張中の事故か？

　　当社は東京都にある電気機械の販売業です。出張の取扱いについてお尋ねします。

　　販売業であるので当然に営業面を重視し専属のセールスマンが約30名いますが，これらのセールスマンの出張は毎日のことで出張手当も支払っています。しかし，出張は都内だけでなく月に2回くらいは大阪や仙台その他の地方都市にも出かけます。この場合，出張の取扱いは同じとみてよいのでしょうか。普通の場合，出張は自宅を出発して自宅に戻るまでの間はすべて業務上として扱われると聞いておりますが，都内出張の場合も同様の取扱いが認められるか疑問が生じました。当社の都内出張は，朝はいったん会社に出て，それから都内に出かけ，その後は会社に戻らず，自宅に帰ることとしています。

　　この場合，自宅に帰る途中の事故も出張扱いとして業務上と認められるのでしょうか。

Ａ　ご質問の趣旨は，地方出張の場合は自宅を出発して自宅に戻るまでの間，業務上と認められるのだから，都内出張の場合も同様に扱われないかというものと思われます。しかし，地方出張と都内出張との場合では出張の概念が異なっていると解釈すべきです。

　通常出張といわれるものは，「一般に事業主の包括的または個別的な命令により，特定の用務を果たすために通常の勤務地を離れて用務地へ赴いてから用務を果たして戻るまでの一連の過程を含むもの」と思われます。しかし，いわゆる公用外出などは必ずしも出張に含まれない場合があるし，外勤業務とか出勤前の公用，退勤途上の簡単な用務なども一般に出張とはいえないから，用務の内容のほかとくに出張の始点と終点については出張の範囲を明確に区切ることは難しいものであります。

　すなわち，貴社のセールスマンの都内出張は外勤業務で一般に出張と解すべ

きものではありません。これに反し，月2回程度なされる地方都市への出張は，通常の勤務地を離れて行われるもので，いわゆる通常の出張に相当するものと認められます。

そこで，次に問題となるのは，どこからどこまでが出張とみられるかということです。一般に，通常の出張の場合は自宅を出てから自宅に戻るまでの間のすべてが出張と相当因果関係があると解してもよいでしょう。というのは，通常の出張では出発の際はいったん会社に出勤し会社から出発し，出張業務が終わった後はいったん帰社したうえ自宅に戻ることとしているものは少なく，普通は自宅から出発し自宅に戻る扱いにしているものが多く，そのような取扱いが慣行になっていると認められるからです。

しかし，通常の出張の場合でも，出発するときはいったん会社に出勤し，出張業務が終わったときはいったん帰社してから自宅に戻る扱いをしている場合は，出張の始点は会社に出勤した時からになり，出張の終点は出張業務が終わって帰社した時までです。出張の日に自宅から会社に出勤するまでおよび出張業務が終わって帰社した後自宅に戻るまでの間は出張というようには認められないことはいうまでもありません。

「出張中」については自宅を出て自宅へ戻った場合については特別な事情がない限りそのような出張方法が一応是認されているとみるのが妥当であろうという解釈が行われているところです。

ところで，セールスマンの外勤業務は一般に出張ということができないからといっても外勤退勤途上のものがすべて業務外とされるのではありません。出勤あるいは退勤途上でも事業主の特命によって何らかの業務を行う場合は使用者の指揮監督の下におかれているものとして業務上と認められるべきです。しかし，一般的にはその日の外勤業務を終わった時点までが業務上で，それ以後自宅に戻るまでの行動は全く自由で使用者に拘束されることはないのですから業務災害ではなく，通勤災害として扱われることとなります。

8　第1編　労働者災害補償保険法〔Q4〕

Q4 健保組合主催の野球大会で負傷した事故は労災か？

　当社は食品メーカーですが，当社の健保組合の野球大会で従業員が三塁からホームスチールをした際に捕手と衝突して右足首を骨折する負傷をしました。

　この事故について労災保険の請求をしたところ，健保組合の野球大会は事業主主催のものと認められず事業経営とは関係がないという理由で支給されませんでしたが，健保組合は当社に直接付属する健保組合で，当社の厚生部で事務を行っているもので会社の事業と表裏一体の関係にあるものです。しかも，この野球大会は毎年春・秋の2回定期的に行っていて，会社から相当の補助もあり，平日に野球試合に参加した選手は出勤扱いとなっています。そして，休日の試合の場合は従業員だけでなく家族までも応援に来る有様で会社全体の行事とも考えられるので労災扱いにならないのは理解できません。このような場合の考え方と取扱いについてお教えください。

Ⓐ　ご質問で一番問題になるのは，その野球大会の性質です。それが健康保険組合主催のものか事業主主催のものか，そして野球大会の目的は何かということですが，その点がはっきりしておりませんのでお答えを断言することがやや困難です。要するに，その野球大会が事業の中の活動の一つとして認められるかどうかによって業務遂行性が判断されます。つまり，その野球大会が事業運営上必要なものであると客観的に認められるなら，野球大会も事業の一部として行われたものとして，その野球大会に出場して負傷した場合は業務行為中発生した事故となるということです。

　しかし，野球大会等が事業の一環として認められるかどうかは通達「運動競技に伴う災害の業務上外の認定について」（平12・5・18基発366）により，その判断基準が示されています。この通達に基づき判断することとなります。

　この通達には，

①　業務上，業務外の認定　9

(1)　運動競技会出場に伴う災害について

　　労働者の運動競技会出場については，以下に掲げる「対外的な運動競技会」又は「事業場内の運動競技会」の区分毎に，次に掲げる要件のいずれをも満たすこと。

　イ　対外的な運動競技会

　　(イ)　運動競技会出場が，出張又は出勤として取り扱われるものであること。

　　(ロ)　運動競技会出場に関して，必要な旅行費用等の負担が事業主により行われ（競技団体等が全部又は一部を負担する場合を含む），労働者が負担するものではないこと。

　　　なお，労働者が個人として運動競技会に出場する場合において，上記(イ)及び(ロ)の要件を形式上満たすにすぎない場合には，事業主の便宜供与があったものと解されることから「業務行為」とは認められないものであること。

　ロ　事業場内の運動競技会

　　(イ)　運動競技会は，同一事業場又は同一企業に所属する労働者全員の出場を意図して行われるものであること。

　　(ロ)　運動競技会当日は，勤務を要する日とされ，出場しない場合には欠勤したものとして取り扱われること。

(2)　運動競技の練習に伴う災害について

　　労働者が行う練習については，上記(1)のイに掲げる要件に加え，事業主が予め定めた練習計画に従って行われるものであること。ここでいう「練習計画」とは，練習に係る時間，場所及び内容が定められていること。

とされています。したがって，練習計画とは別に，労働者が自らの意思で行う運動は，ここでいう「運動競技の練習」には該当しません。

　ご質問を，以上の通達の要旨にあてはめてみると，大体において要件を満たしているように思われます。すなわち，定期的に開催され参加選手は出勤扱いとされており，家族ぐるみで応援もするというのであれば会社の事業の一環と

して認めてもよいものと考えられます。残る問題は，さきにも述べたとおり主催が会社なのか健康保険組合なのかという点です。

ご質問の文面によると，主催は健康保険組合で会社が後援というようにみられます。通達では，原則として事業主主催のものであることを述べていて，健康保険組合主催のようなものは主として親睦を目的とするようにみられます。事実そのようなものが多く，事業運営の上から必要と認められるものは少ないようです。つまり，同好のグループが集まって親善試合をするというのが健康保険組合等の運動競技会だろうと思います。そのような状況であるならば，通達に書かれている「社会通念上必要と認められるもの」と取り扱うことは難しいでしょう。したがって，ご質問の内容だけから判断すると業務上として扱うことは無理と思われます。

労働基準監督署も以上のような見解で不支給の決定をしたのだと思いますが，なお納得が得られないのであれば審査請求（不支給の事実を知った日の翌日から3月以内）を行う方法があります。

Q5 重い物を持ったことによる腰痛症は業務上疾病になるのか？

当方は螺子製造工場で従業員約50名の中小企業ですが，労災保険給付のことでお尋ねします。

先日，21歳の男子工員Fが製品の入った木箱（重さ10kg）を運搬作業中に腰を痛めたということで1週間ばかり休み，医者の診断書を持ってきて業務上の扱いをしてくれといってきました。Fが負傷したというのを疑うわけではないのですが，現認者がいたのでもなく負傷したという日から5日も経って医師の診断を受けているので本当に作業中に負傷したのか疑問があります。医者の診断書には「腰痛症」とあるだけで仕事との関係はわかりません。一体「腰痛症」というのは何なのでしょうか。このような場合，労災保険において業務上と認められるのでしょうか。

Ⓐ　　　差し当りの取扱いとしては，Ｆの申出を認めて請求書に事業主印を押すべきです。請求書の事業主証明欄は，業務上として事業主が認めるものではなく事実の有無の確認にすぎません。したがって，請求書の「災害発生の原因・状況」欄は，「Ｆからこれこれの状況で負傷したという申出があった」と記載すればよいのです。業務上か否かの判断は，あくまでも，労働基準監督署長が行うものです。

　ところで，いわゆる腰痛症の業務上外の取扱いは難しい問題で簡単に割り切れるものではありません。腰痛症の問題の業務上外について，通達「業務上腰痛の認定基準等について」（昭51・10・16基発750）により示されています。この通達の要旨を簡単に概略をまとめておきます。

　１．災害性の原因による腰痛
　　　突発的なできごとで，急激な力の作用により内部組織の損傷を引き起こしたものをいいます。例えば，重量物の運搬作業中に転倒し瞬時に重量が腰部に負荷された場合や，事故的な事由はないが重量物の取扱いに当たり，予想に反して著しく重かったり軽かったりしたため重量物の取扱いに不適切な姿勢をとり腰部に異常に力が作用した場合等がそれにあたります。
　２．災害性の原因によらない腰痛
　　　態様として，おおまかに以下の２つの場合があります。
　⑴　腰部に過度の負担がかかる業務に比較的短期間（おおむね３カ月から数年以内）従事する労働者に発症した腰痛
　⑵　重量物を取り扱う業務又は腰部に過度の負担のかかる作業態様の業務に相当長期間（おおむね10年以上）にわたり継続して従事する労働者に発症した慢性的な腰痛
　上記のような場合に該当しない腰痛については，仮に業務中に発症したものであっても，基本的には労災適用にならないことになります。しかし，腰痛を起こす傷病は，多種多様であるので，症状の内容及び経過，負傷又は作用した力の程度，作業状態，身体的条件，素因又は基礎疾患，作業従事歴，従事期間等の客観的条件の把握が必要です。
　なお，業務上の腰痛がいったん治ゆした後，他に明らかな原因がなく再び症

状が発現し療養を要すると認められるものについては，業務上の腰痛の再発として取り扱われます。

　この取扱い通達は，腰痛を災害性のものと災害性の原因によらないものとに区別して認定の要件を示しているものですが，ご質問の事例は，Fのいうように物の運搬中発生した災害性の腰痛と思われますが，通達にもあるように，その腰痛なるものが何らかの明確な原因によらず，たまたま他の何らかの原因によって発生したのではないかと思われます。腰を痛めたというのが事実であれば，それは本人の体質素因によるものか，あるいは何か仕事とは別なこと，たとえば何かの運動競技を行ったため発生したのではないかとも思われます。
　したがって，通達にもあるように，Fの作業の具体的内容・身体的条件・作業の従事期間を細かく分析し調査した上でなければ業務上外を決定することはできません。しかし，ご質問の文面からの感触では業務外と扱うべきものと思われます。

Q6 作業中くも膜下出血で死亡した場合，業務上になるのか？

　当社は製材工場です。従業員Cは材木運搬中くも膜下出血で急死しました。当日Cは午前9時から同僚のDと2人でトラックで運ばれてきた材木を置場まで運んでいて，午前10時頃急に目まいがするといって倒れ，病院に入院，手当を受けさせたのですが1時間後に死亡してしまったのです。死亡診断書には「くも膜下出血」とあり私病によると思われますが，Cは生前血圧が高かったことはなくほとんど病気らしい病気もしていないので過労が原因とも考えられます。というのはここ1週間ばかり材木の搬入が多く毎日3時間から4時間残業していたので疲労で身体が弱っていたのではないかとも思われます。Cは42歳の働きざかりで，遺族から「仕事中の死亡であるから労災で保険給付が受けられるよう手続をしてくれ」と申出がありました，何とかできるものならと思うのですが給付される見込はあるでしょうか。

　　　　　仕事に従事中に起こったからといっても，その事故がすべて業務上と
Ⓐ　されるのではありません。労働者が従事していた業務と発生した事故と
の間に相当因果関係があると認められるときに業務上として扱われるのです。
労災保険の「業務上の事由による」とは，相当因果関係があればということで，
相当因果関係の有無は「業務起因性」（労働者の災害がその従事している業務
と関係があって発生していること）の有無によって判断されると解されていま
すが，この解釈だけで業務上外の問題が簡単に結論が出せるものではありませ
ん。とくにご質問の事例のような疾病の業務上外認定は難しい問題です。

　さて，ご質問の場合，そのくも膜下出血が材木運搬という業務に従事してい
たことが直接の原因で発生したというのであれば業務上ということができます
が，常識的にみれば，材木運搬作業中に，たまたまくも膜下出血が発生したに
すぎないと思われ，業務上のものとは考えられません。

　しかし，そのくも膜下出血がたまたま発症したとしても，その原因が残業に
よる過重負荷によるものであるときは業務との関連性が認められ，したがって，
業務上とされることもあるのです。

　まず，「脳血管疾患及び虚血性心疾患等」のうち，業務に起因するものについ
いては，平13・12・12基発第1063号の認定基準により判断されることになりま
す。

　平13・12・12基発1063の認定基準を簡略に説明しておきます。

１．基本的な考え方

　　脳血管疾患及び虚血性心疾患等は，血管病変等が長い年月の生活の営
　みの中で形成され，それが徐々に進行し，増悪するといった自然経過を
　たどり発症に至るものとされている。しかし，業務による明らかな過重
　負荷が加わることによって，血管病変等がその自然経過を超えて著しく
　増悪し，脳・心臓疾患が発症する場合があり，そのような経過をたどり
　発症した脳・心臓疾患は，業務が相対的に有力な原因であると判断し，
　業務に起因することの明らかな疾病として取り扱うものとする。

　　業務の過重性の評価に当たっては，労働時間，勤務形態，作業環境，
　精神的均衡の状態等を具体的かつ客観的に把握し，検討し，総合的に判

14 第1編 労働者災害補償保険法〔Q6〕

断する必要がある。

2．対象疾病

① 脳血管疾患（脳出血，くも膜下出血，脳梗塞，高血圧性脳症）

② 虚血性心疾患（心筋梗塞，狭心症，心停止，解離性大動脈瘤）

3．認定要件

次の業務による明らかな過重負荷を受けたことにより発症した脳・心臓疾患は，業務上の疾病の範囲とする。

(1) 発症直前から前日までの間において，異常な出来事に遭遇したこと

(2) 発症に近接した時期において，短期間の過重業務に就労したこと

(3) 発症前の長期間にわたって，著しい疲労の蓄積をもたらす過重業務に就労したこと

4．認定要件の運用

(1) 脳・心臓疾患の疾病名及び発症時期を特定すること

(2) 過重負荷については，医学経験則に照らして血管病変等がその自然経過を超えて著しく増悪させ得ることが客観的に認められる負荷であって，業務による明らかな過重負荷と認められるものとして，「異常な出来事」，「短期間の過重業務」及び「長期間の過重業務」に区分する

次頁の表は精神的緊張を伴う具体的業務の例です。参考にしてください。

① 業務上，業務外の認定　　15

〈精神的緊張を伴う業務〉

（別　紙）

	具体的業務	負荷の程度を評価する視点	
日常的に精神的緊張を伴う業務	常に自分あるいは他人の生命，財産が脅かされる危険性を有する業務	危険性の度合，業務量（労働時間，労働密度），就労期間，経験，適応能力，会社の支援，予想される被害の程度等	
	危険回避責任がある業務		
	人命や人の一生を左右しかねない重大な判断や処置が求められる業務		
	極めて危険な物質を取り扱う業務		
	会社に多大な損失をもたらし得るような重大な責任のある業務		
	過大なノルマがある業務	ノルマの内容，困難性・強制性，ペナルティの有無等	業務量（労働時間，労働密度），就労期間，経験，適応能力，会社の支援等
	決められた時間（納期等）どおりに遂行しなければならないような困難な業務	阻害要因の大きさ，達成の困難性，ペナルティの有無，納期等の変更の可能性等	
	顧客との大きなトラブルや複雑な労使紛争の処理等を担当する業務	顧客の位置付け，損害の程度，労使紛争の解決の困難性等	
	周囲の理解や支援のない状況下での困難な業務	業務の困難度，社内での立場等	
	複雑困難な新規事業，会社の建て直しを担当する業務	プロジェクト内での立場，実行の困難性等	

	出　来　事	負荷の程度を評価する視点
発症に近接した時期における精神的緊張を伴う業務に関する出来事	労働災害で大きな怪我や病気をした。	被災の程度，後遺障害の有無，社会復帰の困難性等
	重大な事故や災害の発生に直接関与した。	事故の大きさ，加害の程度等
	悲惨な事故や災害の体験（目撃）をした。	事故や被害の程度，恐怖感，異常性の程度等
	重大な事故（事件）について責任を問われた。	事故（事件）の内容，責任の度合，社会的反響の程度，ペナルティの有無等
	仕事上の大きなミスをした。	失敗の程度・重大性，損害等の程度，ペナルティの有無等
	ノルマが達成できなかった。	ノルマの内容，達成の困難性，強制性，達成率の程度，ペナルティの有無等
	異動（転勤，配置転換，出向等）があった。	業務内容・身分等の変化，異動理由，不利益の程度等
	上司，顧客等との大きなトラブルがあった。	トラブル発生時の状況，程度等

ご質問の件についても，この認定基準により判断されることとなります。

16 第1編 労働者災害補償保険法〔Q7〕〔Q8〕

Q7 自殺は業務上災害になりうるのか？

　私の会社で起こったことはありませんが，近年，サラリーマンが業務上の悩みなどを苦に自らの命を絶つという事件が起きています。つきましては，自殺と業務上の災害との関係について，教えていただきますようお願いいたします。

(A)　まず，労災保険法では，「労働者が，故意に負傷，疾病，障害若しくは死亡又はその直接の原因となった事故を生じさせたときは，政府は，保険給付を行わない。」と規定しています（労災保険法12条の2の2）。「故意に……死亡」というのは自殺が想定されますが，この場合は業務との因果関係がなく，保険給付は行わないとされています。

　しかし，自殺がすべて業務上と判断されないかというと，そうではありません。

　通達では，「業務上の精神障害によって，正常の認識，行為選択能力が著しく阻害され，又は自殺行為を思いとどまる精神的な抑制力が著しく阻害されている状態で自殺が行われたと認められる場合には，結果の発生を意図した故意には該当しない。」とされ，この場合，業務と自殺との間の相当因果関係が認められることになります（平11・9・14基発545）。

　また，労働者の精神障害が業務に起因するかどうかについては，基本的には「心理的負荷による精神障害等に係る業務上外の判断指針について」（平21・4・6基発406001）に基づき判断されます。

　心理的負荷による精神障害の労災認定については，明確な医学的判断があり，かつ，対象疾病発病前おおむね6カ月間に業務による強い心理的負荷が認められることが必要です。強い心理的負荷であるか否かについては，労働者がその出来事およびその後を本人が主観的にどう受け止めたかではなく，多くの人々が一般的にどう受け止めるかという客観的な基準で評価されます。

　また，業務以外の心理的負荷についても同様に評価する必要があります。さらに，個体側要因（心理面の反応性，脆弱性）についても評価されなければな

① 業務上，業務外の認定　　17

りません。精神障害の既往歴が認められる場合や，生活史（社会適応状況），アルコール等依存状況，性格傾向等に特に問題が認められる場合は，個体側要因が大きいとされています。

　以上のことから，労災請求事案の処理に当たっては，まず，精神障害の発病の有無等を明らかにした上で，業務による心理的負荷，業務以外の心理的負荷および個体側要因の各事項について具体的に検討し，それらと当該労働者に発病した精神障害との関連性について総合的に判断する必要があります。

　また，心理的負荷の強弱の判断については，指針に具体例を挙げて，示されています。

　最終的に，発病した精神障害が業務上であるか否かについては，主治医の意見書や診察録等の関係資料，関係者からの聴取内容等により医学的に判断されます。

　したがって，その判断基準により，業務上の精神障害を発病していたと認められる者が，正常の認識や行為選択能力が著しく阻害され，または自殺を思いとどまる精神的な抑制力が著しく阻害されている状態で自殺が行われたものと推定し，原則として業務起因性が認められ，業務上災害として認定されることになります。

Q8　セクハラを受けたことによる精神障害は，業務上災害になるか？

　先日，当社社員がセクハラを受け，その結果，精神的に不調をきたしていると訴えてきました。当方としては気を付けていたつもりでしたが，わかりませんでした。どのように対処したらよろしいでしょうか。

Ⓐ　セクハラとは，職場において行われる性的な言動に対するその労働者の対応により，その労働者が労働条件につき不利益を受け，またはその

性的な言動により労働者の就業環境が害されることをいいます。

　セクハラが問題になるようになってから大分経ち，セクハラそのものの概念がやっと認知されるようになりました。Q7で心理的負荷による精神障害による労災認定に関する説明をしましたが，セクハラが原因で心理的負荷による精神障害を起こした場合の評価に関しては，他の労災認定の場合と同様ですが，平成23年12月26日の通達（基発1226第1号）によりますと，特に次の事項に留意して判断されます。

① 　セクハラを受けた被害者は，勤務を継続したいとかセクハラの行為者からの被害を軽くしたいとの心理などからやむを得ず行為者に迎合するようなメール等を送ったり，行為者の誘いを受け入れることがあるが，これらの事実はセクハラを単純に否定する理由にならないこと。

② 　被害者は，被害を受けてからすぐに相談行動をとらないことがあるが，だからといって心理的負荷が弱いと単純に判断する理由にはならないこと。

③ 　被害者は医療機関でもセクハラを受けたとすぐには話さないことがあるが，初診時に話さないからといって心理的負荷が弱いと単純に判断する理由にはならないこと。

④ 　行為者が上司で被害者が部下の場合，行為者が正規職員で被害者が非正規職員である場合等，行為者が被害者に対して優越的な立場にある事実は心理的負荷を強める要素となり得ること。

　セクハラの場合の労災認定に当たっては，一般的な心理的負荷による精神障害の判断の他，既述のような点にも配慮して判断されることになります。

　なお，同様にパワハラ，マタハラ等々各種ハラスメントによる傷病が，業務上であると認められ各種給付の支給要件に該当すれば，給付が支給されることになります。

2 通勤災害

Q9 通勤災害により保護される場合とは？

通勤災害で保護される範囲はどのようなケースでしょうか。

A 平成18年4月から，従前の通勤災害制度として保護されていた，「住居と就業の場所との間の往復」に加え，①「厚生労働省令で定める就業の場所から他の就業の場所への移動」，②「住居と就業の場所との間の往復の移動に先行し，又は後続する住居間の移動（厚生労働省令で定める要件に該当するものに限る。）」を労災法第7条に該当する「通勤」に当たるとされました。

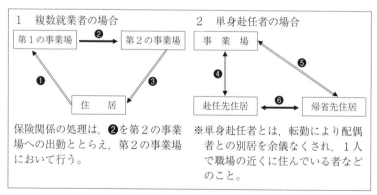

①は複数就業者の事業場間の移動を，②は単身赴任者の赴任先住居と帰省先住居の間の移動を保護することとされたところであります。

なお，具体的には，労災保険則は，通勤災害保護制度の対象となる事業場間

20　第1編　労働者災害補償保険法〔Q9〕〔Q10〕

の移動の起点としての労災保険の適用事業に係る就業の場所を，特別加入者（通勤災害保護規定の適用対象である特別加入に限る）における就業の場所を同規則第6条において規定しています。

　また，労災保険法第7条に該当する住居間移動の内容については，労災保険則第7条に規定されています。

　このようなことから通勤災害保護制度の対象となった形態は，前頁の図のとおりとなります。

Q10　就業時間後に麻雀をして帰宅途中の事故は通勤災害か？

　　当社では，厚生施設として娯楽室を設け，碁・将棋・麻雀等を用意し時間外に自由に利用させていますが，聞くところによると，時間外に1時間以上会社内に残っていて帰宅する途中の事故は通勤災害とされないとのことですが，どういうことでしょうか。

Ⓐ　通常，就業時間が終われば残業でもないかぎり会社に残る必要はないわけで，1日の仕事が終われば後は何をしようと勝手なのですが，働くばかりが能でないということで，貴社としては厚生施設として娯楽室を設けているようですが，そのこと自体は確かに結構なことです。

　しかし，法律というものは，人間を一定の枠にはめようとするもので，通勤災害の取扱いについても，労働者は所定の時間に会社に出勤し所定の時間に退勤すべきだという考え方が基本にあって，会社の勤務時間が終わってから長時間会社に残って業務と関係のないことをさせていて帰宅するというようなものは通勤行為の範囲外として認めないこととしているのです。この点について，次のような行政通達が出されています。

　「業務の終了後，事業場施設内で，囲碁・麻雀・サークル活動・労働組合の会合に出席した後に帰宅するような場合には，社会通念上就業と帰宅との

2 通勤災害　21

直接的関連を失わせると認められるほど長時間となるような場合を除き，就業との関連性を認めてもさしつかえない」（昭48・11・22基発105）。

また，具体的事例として，次のようなものがあります。

「被災労働者は，当日午後4時30分に業務を終え，本社工場正門向い側にある労働組合会館において午後5時20分から開催された労働組合主催の旗びらきに支部委員として参加し，談合，飲食したのち午後6時10分頃帰途についた。その後，自宅最寄り駅で下車し，通常の通勤経路を歩行中，乗用車に接触され負傷したものである。

なお，労働組合会館は，本社工場とは産業道路（幅12メートル）を隔てた事業場所有地内に労働組合員の拠出により建設されたもので，労働組合が管理しているが，警備については事業場が委託した警備会社が行っていた。

通達の解釈としては，本件の場合，労働組合の旗びらきの行われた労働組合会館は，本社工場とは産業道路を隔ててあるとはいえ，当該会館の管理の実態等から本社工場と一体性を有する事業場施設，つまり就業の場所と認められるので，被災労働者の当該旗びらきへの参加は，通勤を開始する前の行為とされ，通勤の「中断」には該当しないものである。

なお，「中断」とは，労働者が通勤経路上で，通勤と関係のない行為を行うことをいい，この場合，当該行為を開始した以降については一切通勤とはされないものである。

また，労働者が業務終了後，事業場施設内で，労働組合活動，サークル活動等を行った後帰宅するような場合，当該労働組合活動等を行った時間が，社会通念上就業との直接的関連を失わせると認められるほど長時間となるような場合は，当該帰宅は，「就業に関し」行われたものとはいえなくなるが，本件の場合，被災労働者が旗びらきに参加する等により就業の場所内で費やした1時間40分は，社会通念上就業と帰宅との直接的関連を失わせると認められるほど長時間とはいえないので，本件の帰宅行為は通勤と認められたものである」（昭51・3・30基収2606）。

この解釈でも明らかなように，労働者が業務終了後に行う行為が何であるかが問題なのではなく，その行為に要した時間が就業との直接的関連を失わせるほど長時間にわたったかどうかが問題とされるのです。そして，その時間が長

22　第1編　労働者災害補償保険法〔Q10〕〔Q11〕

いか短いかは，個々の具体的事案ごとに地域の事情，企業の事情等から総合的に就業と帰宅との直接的関連を失わせるかどうかによって決められるべきです。つまり，ご質問のように1時間までというようなことはないのです。1時間程度であれば，就業と帰宅との直接的関連を失わせるといえるほど長時間ではないので，通勤災害と認められることとなるでしょう。

Q11　帰宅途中に美容院に立ち寄った帰りの事故は通勤災害か？

当社の女子事務員が会社の業務を終わって，会社の近くにある美容院で約1時間30分程度パーマネントをかけてから自宅に戻る途中交通事故で重傷を負いました。この事故について労災給付請求をしたいのですが，通勤災害として認められるでしょうか。

Ⓐ　労災保険法では，「当該逸脱又は中断が，日常生活上必要な行為であって厚生労働省令で定めるものをやむを得ない事由により行うための最小限度のものである場合は，当該逸脱又は中断の間を除き，この限りでない」（労災保険法7条3項ただし書）とありますが，これは，通勤行為は，原則として会社と住居との間をストレートに往復する行為であって，その通勤経路をはずれたり通勤行為を途中でやめる（通勤行為と関係のない，たとえば映画館に立ち寄るというようなこと）場合は，通勤行為と認められないとするものですが，例外として，帰途に惣菜等を購入するといった日常生活上必要な行為のため要する間は別として，その行為を終わった後の行為は通勤行為として認めるというものです。

そこで，会社の帰途美容院に寄ってパーマネントをかけることが「日常生活上必要な行為であって厚生労働省令で定めるものをやむを得ない事由により行なうための最小限度のものである」かどうかが問題となるわけですが，この点については厚生労働省令（労災保険則8条1号）で「日用品の購入その他これ

に準ずる行為」を規定しており，その具体例としては，帰途で惣菜等を購入する場合，独身者が食堂に食事に立ち寄る場合，クリーニング店に立ち寄る場合，理・美容のため理髪店又は美容院に立ち寄る行為等がこれに該当する。なお，「やむを得ない事由により行うため」とは，日常生活の必要から通勤の途中で行う必要のあることをいい，「最小限度のもの」とは，「当該逸脱又は中断の原因となった行為の目的達成のために必要とする最小限度の時間・距離等をいうものである。」(昭48・11・22基発644，昭58・8・2基発420，昭62・3・30基発174)

したがって，会社の帰途美容院に立ち寄る行為は，日常生活上必要な行為でやむを得ない事由により行うための最小限度のものと認められます。

以上のとおりで，出退勤の途中において理・美容院に立ち寄る行為は，「日用品の購入その他これに準ずる行為」として当該行為を終え，合理的な経路に復した後は，通勤災害として認められることとなります。

なお，「日常生活上必要な行為」として，労災保険則第8条に規定されているものは，下記のとおりです。

① 日用品の購入その他これに準ずる行為
② 職業訓練，学校教育法第1条に規定する学校で行われる教育訓練等であって職業能力開発向上に資するものを受ける行為
③ 選挙権の行使その他これに準ずる行為
④ 病院又は診療所で診察又は治療を受けることその他これに準ずる行為
⑤ 要介護状態にある配偶者，子，父母，孫，祖父母及び兄弟姉妹並びに配偶者の父母の介護（継続的に又は反復して行われるものに限る）

通勤の途中で，上記のいずれかに該当した行為を行った場合も，その間を除き，通勤途上と認められることになります。

24　第1編　労働者災害補償保険法〔Q12〕

Q12 免許証不携帯でマイカー通勤途上に負傷した場合は通勤災害か？

　　当社の社員Ａはマイカーで通勤していますが，先日通勤途上で他車に衝突してフロントガラスが割れ顔面を裂傷しました。たまたま，免許証を携帯していなかったということでありますが，労災保険では通勤災害とされないのでしょうか。

Ⓐ　　通勤とは，「労働者が就業に関し，住居と就業の場所との間の往復，厚生労働省令で定める就業の場所から他の就業の場所への移動，住居と就業の場所との往復に先行し又は後続する住居間の移動（厚生労働省令で定める要件に該当するものに限る）を，合理的な経路及び方法により往復することをいい，業務の性質を有するものを除くものである。労働者が，往復の経路を逸脱し，又は往復を中断した場合においては，当該逸脱又は中断の間及びその後の往復は，通勤としない。ただし，当該逸脱又は中断が，日常生活上必要な行為であって厚生労働省令で定めるものをやむを得ない事由により行うための最小限度のものである場合は，当該逸脱又は中断の間を除き，この限りでない。」（労災保険法7条2項・3項）とされています。

　ご質問の場合，貴社のＡさんは通常マイカーで通勤しており，会社も社員がマイカーで通勤することを認めていたようですのでマイカーによる通勤行為は合理的な方法と思われます。また，その場合，自動車を利用して通勤する場合の経路は，通常自動車の運行に便利で，かつ最短距離を利用するわけで文面から明らかではありませんが，普通Ａさんが通勤に利用している合理的な経路を運行していたとすれば，その途中に発生した災害は通勤災害ということができます。

　そこで，問題は免許証不携帯であったということですが，この点について次のような行政通達があります。

　「免許を一度も取得したことのないような者が自動車を運転する場合，自動車・自転車等を泥酔して運転するような場合には合理的な方法と認められない

こととなる。なお，軽い飲酒運転の場合・単なる免許証不携帯・免許証更新忘れによる無免許運転の場合等は，必ずしも，合理性を欠くものとして取り扱う必要はないが，この場合において，諸般の事情を勘案し，給付の支給制限が行なわれることがあることは当然である。」（昭48・11・22基発644）とされています。

　この取扱通達によれば，ご質問の事例は通勤災害であることは明らかで，ただ，この場合には労災保険法第12条の2の2第2項によって保険給付が制限されることがあり得ます。その保険給付の制限は，別の行政通達（昭40・7・31基発906，改正昭52・2・30基発192）で，休業・障害について保険給付のつど所定給付額の30％の率で行われることになっています。

　以上のとおりで，ご質問の文面だけでは保険給付が行われるか否かは判断できませんが，通勤行為が合理的な経路でなされていたのであれば，通勤災害と認められることとなるでしょう。

③ 労働者

Q13 自動車持ちこみの専属運転手は労働者として労災給付を受けられるか？

　当社は貨物運送会社ですが，当社で使用していた運転手が死亡し，労働者として労災保険の給付が受けられるか疑問が生じましたので，ご教示ください。

　亡くなった運転手Kは，白ナンバー1台で自分で仕事を探して営業していたのですが，1年ほど前から当社の専属として働いていました。朝は午前8時に出勤し，当社の仕事の割振りで主として材木運搬の仕事をしていたのですが，死亡当日は，本人所有の15トントレーラーに材木を積みN県の製材工場に行き，材木を下ろしていたとき材木の間にはさまれ，胸部打撲，肋骨骨折で死亡したのです。

　Kと当社との契約は，1日1万円という常用のほか，トン当たりいくらという歩合契約もあり，その時々に本人と話し合って決めていました。

　死亡当日の契約はトン2,000円の契約でした。当社の休日は毎週日曜日で，Kは休日以外はほとんど毎日当社の仕事をしており，1カ月の収入は大体40万円から50万円でした。Kを労働者と認めることができるでしょうか。

　ご質問の内容だけでは貴社とKとの契約関係が必ずしも明らかでなく，したがって充分にご理解いただけるか心配ですが，考えてみたいと思い

ます。

　問題は貴社とＫとの関係が，いわゆる使用従属の関係にあるかどうかということで，使用従属関係の有無は，具体的には，事業主の支配を受け労働に従事することによって賃金の支払を受けていたかどうかで判断されるべきものです。どのような状態にあれば支配を受けていると認められるのか，また支払われるものが賃金と認められるためにはどのような条件が必要なのか，これらの点について，行政上の取扱いはケースバイケースになっていると思われますが，それはやむを得ないものと思われます。なぜならば，形式上は請負契約のようになっていても，実質的には労働契約である場合もあるなど，労働関係は複雑多岐で実態に即して判断するほかないからです。

　ご質問の事例も，一見請負契約のように考えられます。いうまでもなく，請負契約とは「当事者の一方がある仕事を完成することを約し，相手方がその仕事の結果に対してその報酬を支払う」（民法632条）ものですが，ご質問の場合は請負契約とはニュアンスが違うようで，むしろ，いわゆる一人親方的性格のものと認められます。

　もっとも，一人親方の場合でも一般的には請負仕事が多く注文主との関係で請負契約となるわけですが，普通の請負契約と一人親方が行う契約とは本質的に異なるものがあります。すなわち，一人親方が行う契約は自営業者としての請負契約であっても業務の実態からは労働契約要素，つまり主として労務の提供をする面が多いものなのです。しかし，一人親方は，自営業者であって他人に使用されるものでなく労働者と認められないことはいうまでもありません。

　労災保険が一人親方の特別加入を認めているのは，一定の条件がある場合，一般の労働者に準じた扱いをするという便宜的措置なのです。

　以上説明したところから大体ご了解いただけたと思いますが，亡くなられた運転手Ｋさんは，白ナンバーであっても一人親方とみるべきで一般的には労働者としては扱われません。しかし，ご質問によりますと，一般の労働者と同様に所定の始業時間に出勤して事業主の指示に従ってトラックで貨物運送の業務に従事しているもので，ある程度事業主の支配下にあって拘束されていると認められ，その対価として受けるものも仕事の完成による報酬とは考えられず，むしろ仕事の出来高に対する反対給付と考えられ，したがって，労働者的性格

28　第1編　労働者災害補償保険法〔Q13〕〔Q14〕〔Q15〕

を有するものと認められます。

　しかも約1年にわたって継続し貴社の仕事を専属的にやってきて，常用で働いていたこともあるということですから，労働者として扱われるのが相当と考えられます。契約関係，とくに支払関係がどうなっているのか不明ですので，はっきりしたことを申し上げられませんが，労働者として扱われる可能性は十分あるのですから，遺族補償給付の請求をすべきです。

Q14　バイシクルメッセンジャーおよびバイクライダーは労働者か？

　当社は，特定信書便事業と貨物軽自動車運送事業を行っている会社です。社員の他，自転車や自動二輪を使用して配送を行う配送員がいます。配送員は，自転車，自動二輪のほか，連絡用の携帯電話，これらの維持に必要な燃料代・修理代・税金・車検代等は自己負担です。給与は完全歩合制です。配送員は，業務上の事故にあったとき，労災保険が適用になるでしょうか。

Ⓐ　ご質問は，労働者として認められるか否かという点にあると思われます。貴社の配送員が，誰の指揮命令に従って業務を行っているか，拘束性はあるのか等種々確認をしないとわかりませんが，平成19年に，質問に答える形で次のような場合には労働者性があると認められる例としての通達があります。

　「使用従属関係を肯定する事実として，①業務の内容及び遂行方法に係る指揮監督が行われていること（指揮監督があること），②勤務日及び勤務時間が予め指定され，出勤簿で管理されていること（拘束性があること），③他の者への配送業務の委託は認められていないこと（代替性がないこと），④報酬の基本歩合率が欠勤等により加減されていること（報酬の労務対償性があること）等が認められ，さらに，労働者性の判断を補強する事実として，⑤独自の

③ 労 働 者　29

商号の使用は認められず，事実上兼業を行うことは困難な状況が認められ，総合的に判断すると労働基準法第9条の労働者に該当すると認められる。」

　貴社の配送員がどのような条件で勤務しているかを通達の基準を参考にして，総合的に判断すべきと思われます。

Q15 下請負の事業主は，元請けの労災保険の適用はないのか？

　当社は大手の建設会社の下請け専門の左官業ですので，直接請負工事をすることはありません。労災保険は元請けで適用されるため加入しておりません。

　ところが，たまたま事故が発生して元請けの労災保険が適用されないということになりました。それは当社の社長が工事現場で作業を監督していて，足場から墜落して重傷を負ったのですが，労働基準監督署では，下請けの事業主は労働者と認められないから，労災保険の給付を受けられないというのです。下請けの事業主であっても，元請けからみれば労働者ではないでしょうか。下請けでなく，直接請負の場合は労働者として扱われないことはわかるのですが，下請けの場合は事業主も普通の労働者と同じように労働に従事もするのですから，下請けの事業主というだけで労働者として扱われないというのはどういうことなのでしょうか。

A　徴収法第8条第1項に，「厚生労働省令で定める事業が数次の請負によって行なわれる場合には，……元請負人のみを，当該事業の事業主とする」と規定しています。この場合「元請負人のみ」が事業主とされ，下請負人は事業主とされないように認められますが，通達に「下請負人がその雇用する労働者の労働力を自ら直接利用するとともに，当該業務を自己の業務として相手方（注文主）から独立して処理するものである限り，注文主と請負関係にあると認められるから，自然人である下請負人が，たとえ作業に従事すること

があっても，法第9条の労働者ではなく，第10条にいう事業主である。」（昭23・1・9基発14，昭63・3・14基発150）というものがあります。この行政解釈によって，本件の場合の下請負人は労働者として取り扱われていません。

労基法第9条，第10条の労働者および使用者の定義は，労働基準法の保護を受ける者と労働基準法を履行すべき責任者とを明らかにするためのもので，労働基準法の災害補償義務者については，第10条の使用者の規定にかかわらず，労基法第87条第1項で「元請負人を使用者とみなす」という例外規定を設けているものと認められます。

すなわち，労働基準法の災害補償については下請負人には責任を持たせないということです。この労働基準法の災害補償の規定を受けて，徴収法は第8条で同様な規定をしているわけです。もちろん，これらの規定は災害補償履行義務者あるいは労災保険適用事業主を明らかにするものであって下請負人を労働者として認めているものではありません。

労働基準法の災害補償および労災保険の保険給付において，「元請負人を使用者とみなす」「元請負人のみをこの保険の事業主とする」とそれぞれ規定されています。この場合，下請負人はいったいどのような関係におかれているのか考えてみますと，災害補償の義務を持つ者ではないが，同時に労働者でもないということになります。したがって，本件の場合は，労働者としては認められないこととなります。

③ 労働者　31

Q16 役員報酬のみの取締役総務部長は労働者として労災の適用があるか？

　労災保険の給付基礎日額についてお尋ねします。当社の取締役総務部長が，業務上の負傷で左眼を失明してしまいました。月給（役員報酬で月70万円）なのですが，労災の請求を行うについて，給付基礎日額はどのように取り扱われるのでしょうか。

　取締役総務部長については報酬１本で，報酬と給料とを区別していなかったのです。しかし，総務部長は労務課長も兼務しており，役員としてだけでなく，労働者としての性格もあるため，便宜上，会社と総務部長とで協定書を作り，役員報酬と給料部分とを分けて提出してもよいのでしょうか。

Ⓐ 　第一に，その取締役総務部長が労働者としての身分を有するかどうかが問題です。なぜならば，労働者とは，職業の種類を問わず，労働基準法の適用を受ける事業に使用される者で，賃金を支払われるもの（労基法９条）であるのに，当の取締役総務部長に支払われているものは取締役としての役員報酬であって賃金ではないからです。

　労災保険における法人の重役の取扱いについては，昭34・1・26基発第48号の通達があって，「法人の取締役・理事・無限責任社員等の地位にある者であっても，法令・定款等の規定に基づいて業務執行権を有すると認められる者以外の者で，事実上，業務執行権を有する取締役・理事・代表社員等の指揮・監督を受けて労働に従事し，その対償として賃金を得ている者は，原則として労働者として取扱うこと」とされています。

　また，法人の重役のうち有限会社の取締役の労働者性については，

①　代表取締役が選任されていない場合　　有限会社の取締役は，有限会社法第27条第２項の規定により各自会社を代表することとされていることから，同条第３項の規定に基づく代表取締役が選任されていない場合には，代表権とともに業務執行権を有していると解されるので，労働者とは認め

られないこと。

② 代表取締役が選任されている場合　　有限会社において代表取締役が選任されている場合であっても，代表取締役以外の取締役は，当然には業務執行権を失うものではないが，定款，社員総会の決議若しくは取締役の過半数の決定により業務執行権がはく奪されている場合，又は，実態として代表取締役若しくは一部の取締役に業務執行権が集約されている場合にあっては，業務執行権を有していないと認められることから，事実上，業務執行権を有する取締役の指揮，監督を受けて労働に従事し，その対償として労働基準法第11条の賃金を得ている取締役は，その限りにおいて労働者と認められること（昭61・3・14基発141）とされています。

　貴社の取締役総務部長が，この通達のように業務執行権を有する取締役の指揮監督を受ける面があることは容易に想像できますが，それは取締役としてではなく総務部長ないしは兼任の労務課長という職務から，当然考えられるものです。つまり，総務部長ないしは労務課長としては使用従属の労働関係にある者と認められるということです。したがって，本来は，その労働に対する賃金が決められていて然るべきなのです。役員に対する報酬と労働者としての賃金は区別して支払われていなければならないのです。

　ところが，どういう理由があったのか知る由もありませんが，それが，役員報酬という1本の形で支払われていたわけですから，反対解釈としては労働者として扱っていなかったということになります。自ら労働者扱いをしなかった者について，労災事故が発生したから労働者の扱いをしてくれというのは，筋が通りません。

　したがって，会社としては予め役員報酬と賃金とを明らかにした協定書を作成しておくのが最善の策と思われます。

　ご質問のように，事後に協定書を作成することは疑問がありますし，場合によっては不正受給ということになることも考えられます。事後ではどのようにも適当に決められることになるからです。もちろん，労働基準監督署としての判断を待つよりほか方法はありません。

　なお，今後の検討として，貴社の規模が中小企業（常時労働者数が300以下，金融業・保険業不動産業・小売業の場合は50以下，卸売業・サービス業は100

以下）の場合は，労働保険事務組合に加盟すれば，社長以下役員が包括して労災保険に特別加入することができます。特別加入すれば今回のような場合に安心できるでしょう。

Q17 在宅勤務者に労災保険は適用されるのか

当社には，在宅勤務を行っている社員が何人かいます。中には，ほとんど出勤しない者もいます。彼らが仕事に関連して怪我等をした場合，労災保険が適用になるのでしょうか？　心配しています。

Ⓐ　ご質問の在宅勤務者ですが，労災保険の適用になるか否かについては，労働基準法第9条の「労働者」に該当すると判断できるのか否かによります。労働者と判断されれば，適用があることになります。

労働者性の判断基準については，雇用保険の取扱要領が参考になります。要約すると，下記のようになります。

①　“在宅勤務者”とは，労働日の全部またはその大部分について事業所への出勤を免除され，かつ，自己の住所又は居所において勤務することを常とする者をいいます。労災適用の有無については，事業所勤務者との同一性が確認できれば原則として適用になります。

②　“事業所勤務労働者との同一性”とは，所属事務所において，勤務する他の労働者と同一の就業規則等の諸規定（労働条件，福利厚生が他の労働者とおおむね同等以上であるものに限る）が適用されることをいいます。

③　“事業所勤務労働者との同一性”を判断するに当たり，下記の点に留意し，総合的に判断する必要があります。

　(イ)　指揮監督系統の明確性

　　　在宅勤務者の業務遂行状況を直接的に管理することが可能なこと

　(ロ)　拘束時間等の明確性

　　　所定労働日及び休日が就業規則，勤務計画表等により予め特定されて

いること。各労働日の始業時刻及び終業時刻，休憩時間等が就業規則等に明示されていること

(ハ) 勤務管理の明確性

各日の始業・終業時刻等の勤務実績が，事業主により把握されること

(ニ) 報酬の労働対償性の明確性

報酬中に，月給・日給・時間給等勤務した期間又は時間を基礎として算定される部分があること

(ホ) 請負・委任的色彩の不存在

機械，器具，原材料等の購入，賃借，事業主や顧客等との通信費用等について，本人の金銭的負担がないこと又は全額事業主負担であることが，雇用契約書，就業規則等に明示されていること等

以上の点を考慮し，労働者と判断されれば労災保険が適用になります。

なお，在宅勤務者のみならず，会社から離れた場所（tele）で働く（work）テレワーク（例：サテライトオフィスで働く）の場合も，在宅勤務者と同様に，労働者と判断されれば労災保険が適用されます。

4 労働基準法の災害補償と保険給付等の関係

Q18 労働基準法の災害補償と保険給付等の関係およびその種類とは？

労働基準法と労災保険の保険給付は関係があると聞いたのですが，どのような関係にあるのか教えていただきたいのと，保険給付の種類についても伺いたいのですが。

労災の保険給付の種類については下記のとおりです。

(1) 業務災害関係	(2) 通勤災害関係
① 療養補償給付	① 療養給付
② 休業補償給付	② 休業給付
③ 障害補償給付	③ 障害給付
④ 遺族補償給付	④ 遺族給付
⑤ 葬祭料	⑤ 葬祭給付
⑥ 傷病補償年金	⑥ 傷病年金
⑦ 介護補償給付	⑦ 介護給付
(3) その他　二次健康診断等給付	

業務上における災害については，労働基準法第8章に規定があり，療養補償，休業補償，障害補償，遺族補償，葬祭料について事業主は補償しなければなりません。その補償を担保するために労働者災害補償保険法が制定されています。

36　第1編　労働者災害補償保険法〔Q18〕〔Q19〕

したがって，労働基準法第84条に，「この法律に規定する災害補償の事由について，労働者災害補償保険法………法令に基づいてこの法律の災害補償に相当する給付が行なわれるべきものである場合においては，使用者は，補償の責を免れる。」（労基法84条）と規定しているのです。

具体的には，療養補償（労基法75条）は療養補償給付，休業補償（労基法76条）は休業補償給付（休業当初3日間は使用者が補償），障害補償（労基法77条）は障害補償給付，遺族補償（労基法79条）は遺族補償給付，葬祭料（労基法80条）は葬祭料が，それぞれ相当する給付とされています。また，労働者が療養開始後3年を経過した日に傷病補償年金を受けている場合はその日，または，療養開始後3年以上経過した日後に傷病補償年金を受けることとなった日に，打切補償（労基法81条）を支払ったとみなす規定もあります。

なお，通勤災害および介護補償給付ならびに二次健康診断等給付については，労災保険法による保険給付となります。したがって，休業補償給付とは異なり，通勤災害による休業給付の休業当初3日間は使用者が補償する義務は生じません。

このほかに，労災保険法では社会復帰促進等事業である特別支給金の支給制度もあります。

Q19　労災保険からの休業補償給付を受けている者は，労働基準法第19条の適用を受け，解雇できないのか？

　当社には，業務上のケガにより労災保険から3年以上療養補償給付と休業補償給付を受けている社員がいます。しかし，症状にほとんど変化がなく就労できない状態が続いていますので，解雇したいと考えています。ところが労基法第19条に「……療養のために休業する期間及びその後30日間……解雇してはならない。……」と規定しています。解雇する方法はないのでしょうか。

④ 労働基準法の災害補償と保険給付等の関係　37

Ⓐ　労基法第19条のただし書きに「……第81条の規定によつて打切補償を支払う場合……この限りでない。」としています。第81条は「第75条の規定（事業主の療養補償義務）によつて補償を受ける労働者が，療養開始後3年を経過しても負傷又は疾病がなおらない場合においては，使用者は，平均賃金の1,200日分の打切補償を行い，その後はこの法律の規定による補償を行わなくてもよい。」としています。

　療養補償給付と休業補償給付を受けている場合は，休業もしているので，解雇できないのではないかと裁判で争われ，このような場合には，労基法第75条による療養補償を受ける場合と同様に，第81条の打切補償の支払をすることにより，第19条ただし書きの適用を受けることができるとしました。

　この判決を受けて，平成27年に通達が出され，判決同様「療養補償給付を受ける労働者が，療養開始後3年経過しても治らない場合には，打切補償を支払うことにより解雇制限の除外事由を定める労基法第19条のただし書きの適用を受けることができる。」としました。

　したがって貴社は，打切補償を支払うことによって，解雇することが可能です。

38　第１編　労働者災害補償保険法〔Q20〕〔Q21〕

5　給付基礎日額

Q20　算定期間２週間未満の場合の給付基礎日額の計算は？

　当社の従業員が本年８月２日に業務上負傷し８月末に治ゆしたので，休業補償給付の請求をしました。

　この負傷した従業員は，日給7,000円で本年７月25日に雇い入れたもので，負傷の日まで１日も休まず働いていました。当社の賃金締切日は毎月末となっています。７月25日から負傷前日までの賃金総額は５万6,000円で，暦日数は８日です。このような場合の給付基礎日額は，どのように計算されるのでしょうか。

A　労災保険法第８条に，「給付基礎日額は，労働基準法第12条の平均賃金に相当する額とする」と規定され，労災保険の給付基礎日額の決め方は，労働基準法の平均賃金の規定にほとんど委ねられています。

　その労働基準法の規定によれば，平均賃金は，「算定事由の発生した日以前３カ月間に支払われた賃金の総額をその期間の総日数で除した金額」と規定しています。さらに，雇入後３カ月に満たない場合は，雇入後の期間で計算するとしています。

　ところで，問題の取扱いについては，昭45・5・14基発第375号「昭和24年労働省告示第５号第２条に基づく平均賃金の決定について」という標題で，労働省労働基準局長名で，各都道府県労働基準局長に通達として出されているもの

ですが，その要旨は次のようになっています。

(1) 平均賃金の算定期間が2週間未満の労働者で，その算定期間中のすべての日に稼働している場合は，支払賃金総額をその期間の総暦日数で割った金額に，7分の6を乗じた金額を平均賃金とする（法第12条第3項に規定する業務上の傷病で休業する期間（産前6週間産後8週間の休業期間・使用者の責に帰すべき事由による休業期間・試みの使用期間）等を除いて2週間未満のものも適用される）。

(2) 平均賃金の算定期間が1算定期間未満で，賃金の全部または一部が月給制で欠勤しても減額されない場合，つまり全部月給制のときはその賃金を30で割った金額，一部月給制のときは，その月給制の賃金を30で割った金額と，その他の賃金を法第12条で計算した金額の合計金額をそれぞれ平均賃金とする。

したがって，前記の通達によれば，ご質問の場合は，次の算式によって平均賃金が決められます。

$$56,000円（支払賃金）\div 8（暦日数）\times \frac{6}{7} = 6,000円（平均賃金）$$

なお，7分の6という数字は，1週間は7日でそのうち1日休むのが普通だという考え方によるものです。この6,000円が給付基礎日額として用いられることとなります。

Q21 | 休業補償給付の額は，受給が長期化すると額が減るのか？

私は，業務上の負傷により，現在，休業補償給付を受けていますが，休業補償給付の受給が長期化すると支給額が減ることがあると聞きましたが，どのようなことなのか教えてください。

40　第1編　労働者災害補償保険法〔Q21〕

A　　年金たる保険給付については，若年時被災者の年金額が生涯にわたって低額のまま据え置かれるなど被災時の年齢による不均衡の是正を図ること等のため，当該保険給付に係る給付基礎日額について年齢階層別最低・最高限度額制度が導入されています。

　ところで，休業（補償）給付についても，その支給が長期化する例が増え，年金と同様な年齢間の不均衡の問題等，また，年金給付（傷病補償年金等）との比較において，かえって症状の軽い者の方が最高限度額が適用されないという不均衡が顕在化してきたため，療養開始後1年6カ月を経過した者に支給する休業補償給付等にかかる休業給付基礎日額は，年金たる保険給付と同様の年齢階層別最低・最高限度額制度を導入しています。

　休業給付基礎日額の最低限度額および最高限度額は，労働者の年齢階層別の賃金の実態（賃金構造基本統計調査）を基礎として労働者の年齢階層等を考慮して，次の12の年齢階層とすることとされています。

　令和元年8月1日から令和2年7月31日までの額は，次のとおりです。

令和1.8.1〜令和2.7.31

年齢階層区分	最低限度額	最高限度額
20歳未満	4,977円	13,330円
20歳以上25歳未満	5,538円	13,330円
25歳以上30歳未満	6,046円	14,144円
30歳以上35歳未満	6,469円	17,089円
35歳以上40歳未満	6,777円	19,303円
40歳以上45歳未満	7,025円	21,216円
45歳以上50歳未満	7,080円	23,245円
50歳以上55歳未満	6,989円	25,480円
55歳以上60歳未満	6,537円	25,492円
60歳以上65歳未満	5,310円	20,493円
65歳以上70歳未満	3,970円	14,967円
70歳以上	3,970円	13,330円

注：年齢の計算については，令和元年8月1日における被災
　　労働者の年齢をもって，1年間の年齢とします。

５　給付基礎日額　41

　休業給付基礎日額の最低限度額と最高限度額は，年齢階層ごとに労働者が受けている１カ月当たりの賃金額を基礎とし，労働者の年齢階層別の就業状態その他の事情を考慮して定めるものと労災保険法では規定され，その詳細は厚生労働省令に委任されています。

　長期療養者の休業給付基礎日額の最低・最高限度額も，年金給付基礎日額の最低・最高限度額も金額を含めて基本的には同じものですが，休業給付基礎日額の最低・最高限度額に特有な問題として次のものが挙げられます。

　「１年６カ月を経過した日」の特定とは，年金給付基礎日額とは異なり，療養を開始した日から起算して１年６カ月を経過した日以後の日に係る休業給付基礎日額にのみ最低・最高限度額が適用されます。

　ここで，「療養を開始した日から起算して１年６カ月を経過した日」とは，療養の開始の日の属する月の翌月から起算して18カ月目の月において当該療養の開始の日に応当する日（応当する日がない場合は，当該18カ月目の月の末日の翌日）を意味します。

　被災労働者の年齢の計算に関しては，休業補償給付等の額は１日単位で計算されるものですので，年金たる保険給付のように被災労働者の年齢を１年単位でみる（最低・最高限度額の適用を１年間固定する）合理性はありませんが，一方，日ごとに被災労働者の年齢をみて最低・最高限度額の適用を変更するのは事務処理上煩雑ですので，四半期の初日ごとに被災労働者の年齢をみることとなっています。

　この年齢階層別最低・最高限度額は，年金たる保険給付と同様，毎年８月から翌年７月までの期間ごとに年齢階層別最低・最高限度額を設定することとされ，７月31日までに官報に告示されることとなっています。

Q22

複数就業者の労災事故における給付基礎日額の計算対象は，一事業者のみなのか？

　当社には，勤務時間が多少短いものの正社員として勤務している者がおります。しかし，生活が大変なのか，コンビニでアルバイトもしています。

　先日，当社からコンビニに行った後，そのコンビニで作業中にケガをして休業しなければならなくなったそうです。その場合，労災からの休業補償給付はどの事業所の労災を適用するのですか。もし，コンビニの労災のみが適用されるとなると，休業補償給付の額が随分少なくなってしまい，生活できないのではないかと思うのです。

Ⓐ　現在（令和2年3月）の労働者災害補償保険法の規定では，労災事故が起きた事業所の労災が適用になり，休業補償給付額もその事業所で支払われている賃金を基礎に計算した額になります。設問の場合ですと，コンビニから支払われていた賃金を基に計算した額になります。

　最近は，社会構造や労働者の働き方の変化等により複数の事業所に就業して生活する労働者も増えており，労災事故が起きた時の補償が少なくなってしまい，問題になっていました。そこで，令和2年2月，第201回の通常国会に改正案が提出され成立しました。その改正案要綱によりますと，「使用する事業ごとに算定した給付基礎日額に相当する額を合算した額を基礎として，厚生労働省令で定めるところにより政府が算定する額を給付基礎日額とする」としておりますので，一方の事業所で支払われる賃金額のみをもって算定することはなくなります。

　施行は，「公布後6月を超えない範囲で政令で定める日」となっていまので，近いうちには施行されることでしょう。

6 療養（補償）給付

Q23 2年前の骨折を再手術した場合，継続して療養補償給付が受けられるか？

　当社の作業員Ｓは，おととしの6月トラックから鋼材をおろす作業をしていて鋼材の下敷きとなり，右肩から腕にかけて複雑骨折し，約1年間労災の指定病院で治療を受けました。昨年3月患部に金属装置（キュンチャー）を入れた後，治ゆしましたが，今年1月にその指定病院から連絡があり，入院して金属装置を取り除き神経をつなぐ手術を受けました。

　この場合，以前からの継続として労災の取扱いが認められるのか疑問が生じましたので，ご説明をお願いします。

Ⓐ　ご質問は，2年前複雑骨折の労災保険の療養補償給付になるか，それとも社会復帰促進等事業の外科後処置になるかの問題と思われますが，いずれにしても健康保険で扱われるべきものではありません。業務上の事由による傷病を健康保険で取り扱うことはできません。

　再発の取扱いについては「続発した負傷又は疾病が原因である災害と相当因果関係を立証されるもので再発は独立した別個の負傷又は疾病ではないから引続き災害補償は行なわれるべきである」（昭23・1・9基災発13）とされています。

　そして，金属装置の除去と再発との関係については「髄内釘（キュンチャー）等抜去手術の取扱いについて」という通達で次のとおり示されてい

ます。

「髄内釘・三翼釘等を装着したものについては，当該装着金属が運動障害とならない場合には，症状が安定し装着金属を抜去することのほか治療の必要がなくなったときをもって治ゆとし，治ゆ後，装着金属を抜去する場合は再発として取扱い，銀線等を装着したものについては症状が安定し治療の必要がなくなったときをもって治ゆとし，治ゆ後，当該装着部位に炎症又は疼痛を惹起し装着した銀線等の除去を要する場合に限り再発として取扱うこと」（昭34・7・15基発502）。

　この通達でも，おわかりいただけると思いますが，髄内釘・三翼釘などの場合と銀線などの場合では，若干取扱いが異なっているとしても，ご質問の事例は再発に該当するものです。労働基準監督署が，昨年3月に患部に金属装置を入れたのち療養については治ゆとしたのは，この通達に基づいて治ゆとして扱ったからで，その装着した金属装置が髄内釘などでも銀線などであっても，それを抜去するときは再発として取り扱われるわけです。

　装着した金属装置を抜去する場合，その状態によっては，抜去後ある程度の処置が必要ですが，神経をつなぐ手術という処置が再発に伴う療養として認められるかという点に問題があると思われます。

　というのは，神経の接続というような手術は，一般に社会復帰促進等事業の外科後処置の範囲に属するとも考えられ，しかも，神経の接続手術そのものが労災保険の療養補償給付の範囲，すなわち，療養上相当と認められるものと解されるかどうかということが問題となります。

　具体的には，神経の接続手術という医療処置が，医学上その効果が客観的に認められているものであれば問題はないのですが，現在のところそのような手術は必ずしも一般的に認められているものとは考えられず，したがって，労災保険の療養補償給付の対象とされるかどうか疑問があります。

　もちろん，担当の医師としては，金属装置の抜去に伴う当然の処置として自信を持って行ったものと考えられ，それによって失われた機能を回復することができると考えているだろうと思います。医師の意見を聴いてみなければわかりませんが，金属装置の抜去手術に併行して当然行われるべき医療行為であったとすれば，その結果の是非は別として，労災保険の療養補償給付として認め

⑥ 療養（補償）給付　45

られるべきものでしょう。

Q24 指定病院に療養の給付請求書の提出が遅れた場合の手続は？

　当社の労働者Ｆは天井走行クレーンから転落して頭部を打撲，直ちに近くの労災指定病院に入院しましたが，3日後に死亡しました。

　この事故について5号様式（療養の給付請求書）の提出が遅れたため現金払いとなり，約30万円を病院に支払いました。

　指定病院では証明をするから30万円の治療費は労働基準監督署に請求するようにというのですが，それでよいのでしょうか。

　また，この場合，死亡したＦは独身で，身寄りは郷里に妹が1人いるだけで，その妹も嫁いでいるのですが，労働基準監督署に医療費を請求する場合，この妹の名前でするのでしょうか。

Ⓐ　ご承知のとおり，労災保険の療養補償給付には，療養の給付（現物給付）と療養の費用の支給（現金給付）とがあります。

　このうち，療養の費用の支給は，①療養の給付が困難な場合および，②療養の給付を受けないことについて労働者に相当の理由がある場合の2つの場合に限って行われるもので，ご質問の事例は，いずれの場合にも該当しません。

　したがって，療養の給付がなされるべきものと認められます。しかし現実には療養の給付が行われていないのですから矛盾があるわけです。

　そもそも，労災の指定病院が，療養の給付に代えて療養の費用の支給という方法を患者に要求することができるとは，法条文上もできるはずはありません。ですから単に，5号様式の「療養の給付請求書」の提出が遅れたという理由だけで，労災指定病院が法律の規定を無視して被災労働者から療養費用を現金で徴収することはできません。

　5号様式の請求書は，その患者が労災保険加入の事業場の労働者であること

を証明する形式的な書類にすぎず，労災指定病院としては当然に療養の給付を行うべきで，5号様式の請求書の提出がないということだけで療養の給付を拒否することは法令違反であり，都道府県労働局長と締結している契約にも反するもので無効とも考えられます。

ただ，貴社の場合には，実際にそのようなことが行われてしまったのですから，それを是正する方法を考えるしかありません。その方法としては，指定病院が受け取った医療費を労働者Fの遺族に返還し，改めてその分を労災保険に請求して労災保険から支払を受けるのが本筋なのです。

労災の指定病院が被災労働者が5号様式の請求書を提出しないからといって患者から医療費の支払を受けることは適正な取扱いではありません。後日，5号様式の請求書の提出があった場合，通常の被災労働者として取り扱わなければなりません。

したがって，ご質問の場合も，後日，5号様式を指定病院に提出することとなります。その指定病院に話をしてラチがあかないときは労働基準監督署に申し出るほかないでしょう。

Q25 治ゆし退院する場合の車賃は給付されるか？

業務上の負傷を受け入院した場合の自動車賃は，入院するに要したときのみしか労災保険から給付されないものでしょうか。また，その負傷が治ゆして退院するときの車賃は認められないものでしょうか。

もし認められないとすれば，社会復帰促進等事業による外科後処置のため入院する場合，その往復の旅費が認められているのと比較して不合理だと思われますがいかがでしょうか。

A　おたずねの入退院に要した自動車賃が保険給付の対象として認められるとすれば，それは，療養補償給付の中の移送に要した費用として取り

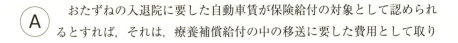

扱われるべき性質のものといえましょう。

　ところで，労災保険において移送として認められるためには，その移送が療養のため必要なものでなければなりません。したがって，被災労働者が入院するにあたって自動車を利用した場合であっても，そのすべての場合について移送として認められるものではなく，入院および自動車の利用が療養上必要と認められる場合にのみ利用した自動車等の費用が移送の費用として認められることになります。たとえば，被災労働者の症状が入院して治療を受けなければならないものであり，しかも，病院までの歩行ができなかったり，歩行することが著しく困難であったり，または療養上歩行を禁じられているような場合です。これに対して，業務上の傷病が治ゆして退院する場合には，たとえ自宅への帰路につき自動車を利用したとしても，その費用は移送の対象になるとは解されません。なぜならば，傷病が治ゆして退院するのであれば，治ゆしたものに対し療養のための移送ということが理論上考えられないからです。

　次に外科後処置は社会復帰促進等事業の一部として実施されているものであり，その主旨とするところは，労災保険法第1条の目的からも明らかなように，労働者の福祉の増進を図ることであり，したがってその内容もできる限り労働者の利益になるような考慮が払われております。この結果ご指摘のように外科後処置に関しては，退院する場合の交通費について一定の範囲内ではありますが支給されることになっています。しかしながら，療養補償給付としての移送は，それが療養の範囲に属するものであるかどうか，いいかえれば，療養上必要な移送であるかどうかによってそれに要した費用が支給されるべきかどうかが決まるものでありますから，社会復帰促進等事業とは実質的にその性質を異にしており，その取扱いに差異がでるのもまたやむを得ないものと考えられます。

48　第1編　労働者災害補償保険法〔Q26〕

Q26　通院費用は労災の給付対象にならないのか？

　私は，不動産会社に勤め営業を行っていますが，2カ月程前，ラ
イトバン運転中，交通事故にあい，現在入院中のA病院に救急車で
収容されました。幸い病状も軽快し，近く通院療養することになり
ました。主治医は，遠方で通院が大変だろうから，もし転医を希望
するのであれば紹介状を書くといってくれるのですが，私は，受傷
当初から治療にあたってくれた病院で引き続き受療したいと思って
おります。ところで，通院費については，通院距離が4㎞を超える
ものであっても支給される場合があると聞いておりますが，この場
合はいかがでしょうか。A病院は，自宅から40㎞，また，その途上
3㎞ほどの所にB外科医院があります。また仮にA病院までの通院
費は認められないとしても，B外科医院までの分について支給して
もらえないでしょうか。

Ⓐ　ご質問の内容は，患者は治療を受ける医療機関を自由に選択できると
いうことを前提に，移送費の支給の問題がからんだケースですが，まず，
労災保険における移送費の取扱いの概略をご説明いたします。

　労災保険では，通院の必要がある傷病労働者が，その通院の起点（住居地か
ら直接通院する場合には住居地，勤務先から通院する場合には勤務先）から，
おおよそ4㎞の範囲内にあるその傷病の診療に適した指定医療機関に通院する
場合（ただし，交通機関の利用距離が片道2㎞を超える通院に限ります）およ
び4㎞の範囲内にその傷病の診療に適した医療機関がないため，または監督署
長の勧告により，4㎞を超える地域にある最寄りの指定医療機関に通院する場
合について，その方法や程度が一般に必要と認められる範囲内で，傷病労働者
が現実に負担した費用を移送費として支給しております。

　ところで，労災保険における療養補償給付は，健康保険をはじめとする他の
社会保険における医療給付と同様，保険者がその現物給付を取り扱う医療機関
として指定したところであれば，特段の理由がない限り，被災労働者が希望す
る医療機関で療養を受けることができます。したがって設問の場合のように，

受傷直後から治療を受けているＡ病院で退院後も引き続き治療を受けたいというのであれば，それに要した費用は従前通り認められます。しかしながらＡ病院までの移送費＝通院費が支給されるかどうかは，別の観点から考える必要があります。

労災保険法第13条は，療養補償給付の範囲として診療から移送までその内容を規定しておりますが，「政府が必要と認めるものに限る。」という条件を付しております。これは，労災保険制度の目的に照らし，適正な給付を行うとともに可能な限り冗費を省き，効率的な保険給付を行い，健全な保険財政を確保するという点から当然のことといえます。そして，この趣旨を通院費について具体化したものが，先ほど述べた取扱い基準であるわけです。

したがって，ただ単に，個人的に懇意な医者がいるとか，知人に紹介されたとか，あるいは，単なる風評によって医者の治療技術の良悪を判断することによって，恣意的に遠方の指定医療機関等に通院し，その費用を請求しても認められないことはいうまでもありません。要するに，4km以上の通院費が支給されるかどうかは，通院先の病院等が，その傷病の治療に適した最寄りの指定医療機関であるか否かの判断にかかっているといえます。

設問のケースは，通院されることとなった場合の通院の起点から遠い所で事故にあい，受傷地点に近いＡ病院に緊急収容されたようですが，一般にこのような場合，当該傷病の症状が許す限り，より通院に便利な適当な病院等に転医することが望ましいことといえます。しかし，傷病の特殊性等により，負傷または発病の当初から治ゆまで，同一の医師ないしは医療チームにより適切な治療プログラムのもとに継続して治療を受けたほうが良い結果を期待できる場合もありますので一概にそのようにはいえません。

ところで，設問の場合，傷病名とか，退院時の症状とかが明らかではありませんが，主治医が通院に便利な医療機関への転医を勧めていることから，療養上Ａ病院で引き続き受療しなければならないという特段の理由は認められないようです。それどころか，あなたの場合には自宅から40kmも遠方のＡ病院へ引き続き通院することは，身体的に負担がかかり，療養上望ましくないことといえます。したがって，Ｂ外科医院が「その傷病の治療に適した最寄りの医療機関」であると判断されれば，Ａ病院への通院費は認められないこととなります。

なお，せめてB外科医院までの通院費をとのご趣旨ですが，通院費とは，被災労働者が療養のため実際に特定の指定医療機関等に通院した場合の実費負担費用を指すものですから，当該通院が前記要件に該当しないと判断された場合には，全額支給されないこととなります。

7 休業（補償）給付

Q27 未支給の休業補償給付の請求権者は誰か？

　労災保険金の請求権についてお尋ねします。業務上負傷した労働者が，その療養中にその負傷が原因で死亡しました。負傷から死亡まで約１カ月ありましたが，この間の休業補償給付は，まだ労働基準監督署に請求していませんでした。

　その死亡した労働者は，同棲していた内縁の妻と，郷里に実母と実兄がおりますが，労働基準監督署の話では，遺族補償年金が内縁の妻に支給される様子です。

　もし，内縁の妻が遺族補償年金の支給を受ける場合，まだ支給を受けていなかった休業補償給付も，内縁の妻が支給を受けることができますか。それとも死亡労働者が受けるべきものであるため，実母か実兄が受けることになるのでしょうか。

A　受給権者が死亡した場合に，その者が受けることができる保険給付であって，まだ請求していないもの，請求はしたがまだ支給決定がないもの，および支給決定はあったがまだ支払われていないものを未支給の保険給付といい，この未支給の保険給付は，死亡した受給権者の配偶者（婚姻の届出はしていないが，事実上婚姻関係と同様の事情にある者を含む），子，父母，孫，祖父母および兄弟姉妹（順位はこの順序による）であって，受給権者と生計を同じくしていた者が請求できることになっています（労災保険法11条）。

　ご質問の内縁の妻は，単に婚姻の届出を欠くのみで①当事者間に社会通念上

夫婦の共同生活と認められる事実関係を成立させようとする合意があり，かつ②当事者間に社会通念上夫婦の共同生活と認められる事実関係が存在するため，労働基準監督署は婚姻の届出をしていないが，事実上婚姻関係と同様の事情にあった者と認めて，内縁の妻に遺族補償年金を支給しようというものであります。

したがって，内縁の妻は，自己の名で，まだ受けていなかった約1カ月の休業補償給付を請求し，その支給を受けることができるわけです。

この場合，所轄労働基準監督署に，「未支給の保険給付請求書」を提出しますが，この請求書には次の書類を添付しなければなりません。

(1) 請求人と死亡した受給権者との身分関係を証明することのできる戸籍の謄本または抄本

(2) 請求人が，死亡した受給権者と婚姻の届出をしていないが，事実上婚姻関係と同様の事情にあった者であるときは，その事実を証明することができる書類

(3) 請求人が死亡した受給権者と生計を同じくしていたことを証明することができる書類

なお，保険給付の受給権者がその保険給付を受けないうちに死亡した場合には，従来は受給権者の相続人がその未支給の保険給付を受けることとなっていました。

ところが，年金たる保険給付については，受給権者が死亡した場合には，必ずその未支給分が生ずるし，年金の所得保障的な面から考えれば，相続人より同一生計内の遺族の方が未支給分を受けるのにふさわしいといえます。そこで，未支給の保険給付の請求権者については，とくに受給権者と生計を同じくしていた遺族（未支給分の遺族補償年金については，同順位の受給権者があるときは同順位の受給権者，同順位の受給権者がないときは次順位の受給権者）とされたのです。

したがって，未支給の保険給付に関する規定（労災保険法11条）は，そのかぎりで民法の規定を排除するものですから，内縁の配偶者は財産相続については，戸籍上の妻と同一に扱われる相続権はありませんが，労災保険では事実上婚姻関係と同様の事情にある者であれば，未支給の保険給付の請求権があります。

Q28 休業期間中に賃金を支払うと休業補償給付は減額されるのか？

就業規則などで業務上負傷し，休業期間に対して基本給の何割かを支給する定めがある場合，図の事項について教えてください。

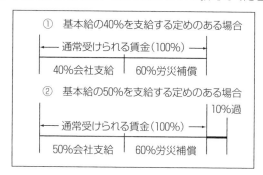

①②とも，労災保険より60％が支給されますか。

②の場合，60％が支給されると通常の賃金より10％多くなると思いますが，支給制限はありませんか。

A

労災保険の休業補償給付（または休業給付）は，①業務災害による傷病の療養のため，②労働することができないために，③賃金を受けないとき，休業第4日目から休業1日につき給付基礎日額（原則として平均賃金相当額）の60％が支給されます。

この3つの要件の1つでも欠く場合，たとえば，業務上の傷病の療養のため，労働することができない状態にあっても，休業第4日目以降に平均賃金の60％以上の賃金が支払われている場合には，休業補償給付は支給されません。この賃金を受けないときとは，事業主から休業1日当たり平均賃金の60％以上の賃金を受けない場合をいいますので，たとえ事業主が賃金の一部を支払っていても，それが平均賃金の60％に満たない場合は，休業補償給付は全額支給されます（ただし，労働者が，業務上の負傷または疾病による療養のため所定労働時間のうちその一部分についてのみ労働する日に係る休業補償給付の額は，当該

54　第1編　労働者災害補償保険法〔Q28〕〔Q29〕

労働に対して支払われる賃金の額を控除して得た額の100分の60に相当する額となります）。

　この場合，休業補償給付は，給付基礎日額の60％がそのまま全額支給され，健康保険の傷病手当金の場合のように差額支給ということはありません。

　したがって，ご質問の①の平均賃金40％の支給を受ける場合，その40％の額は明らかに平均賃金の60％未満ですから，休業補償給付は全額支給されます。

　また，②の平均賃金の50％の支給を受ける場合，その50％の額が平均賃金の60％未満であれば，休業補償給付は全額支給されます。この場合，110％（賃金の50％プラス休業補償給付の60％）を受けることになり，通常の賃金100％を超過する10％を減額することはありません。

　通常の賃金の1日当たりの額と平均賃金の額とは若干違いますが，要は，その支払われた賃金が，平均賃金の60％未満であるか，60％以上であるかによって，休業補償給付の支給の有無が決まり，支給されるなら全額が支給され，減額支給はありません。したがって，極端なケースをあげれば，平均賃金の59％の賃金を支給しても，あと1％だけ休業補償をすべき事由がありますので，休業補償給付は全額支給される（この場合には119％を受けることになる）わけです。労災保険でこのような取扱いをしているのは，賃金の一部が支払われた場合，いろいろ差額を計算するのが事務上困難であるためでもあります。

　なお，労災保険の法定の休業補償のほかいくら上積み補償として賃金を支給するといっても，健康で就労している者より収入が多くなることは，労務管理上合理的でありませんので，最大限40％（休業補償給付と合わせて100％）の賃金支給ということになりましょう。

　　（注）　休業補償給付のほかに休業特別支給金（給付基礎日額の20％）が支給されているので，会社支給分が20％の場合に被災者の受ける額が100％となる。

7 休業（補償）給付　　55

Q29 労災の休業補償給付受給中に業務外による傷病手当金は受けられるか？

　建設業を営んでいる会社ですが，従業員が現場で腕を業務上負傷し，休業して労災保険で通院療養していましたが，その療養中に盲腸炎にかかり入院して手術を受けました。業務上負傷の休業期間については，当然労災保険の休業補償給付を受けることになりますが，盲腸炎で入院した期間は，健康保険の傷病手当金も支給されますか。

　労災保険と健康保険はそれぞれ別個の保険であり，別個に納めていますので，二重に給付されてもよいように考えられますが，もし，二重に給付されるとしたら，約127％（休業補償給付60％と傷病手当金約67％）の補償を受けることになり，疑問がありますのでご教示ください。

A　業務上の事由により負傷し，休業補償給付を受けている労働者が，健康保険の被保険者でもあり，業務外の事由による負傷につき労務不能になり傷病手当金を受給できることになった場合については，労災保険法には特別な規定がありません。

　しかし，次のような通達があります。

　「健康保険の被保険者が業務上の事由に因る負傷につき労災保険法による休業補償給付を受けている間に新たな業務外の事由に因る疾病にかかり，その疾病のためにも労務に服することができない場合においては，業務上の負傷に対する療養のため労務に服することのできないと認められる期間中は休業補償給付を支給する。」

　結果として，まずは休業補償給付が支給されることになっています。

　一方，健康保険法にも同様に規定がありません。

　ところで，健康保険の傷病手当金は，業務外の原因で傷病にかかり，その療養のため労務につくことができず，そのため賃金がもらえなかったり，もらってもその額が少なくて，生活に困るといった事態を救済するための保険給付で

56　第1編　労働者災害補償保険法〔Q29〕〔Q30〕

す。

　一方，労災保険の休業補償給付は業務上の原因で発した傷病の療養のため，労働不能で賃金を受けない（平均賃金の60％未満）場合に，その生活保障を目的とした保険給付です。生活保障を目的としている点では全く同じです。

　別の通達でも「労働者災害補償保険法による休業補償費を受給している健康保険の被保険者が，業務外の事由による傷病によっても労務不能となった場合には，休業補償費の額が傷病手当金の額に達しないときにおけるその部分にかかわるものを除き，傷病手当金は支給されないものと解するのが妥当である」（昭33・7・8保発95の2）として，併給はしない取扱いになっています。

　したがって，傷病の原因が業務外，業務上の違いはあっても，傷病手当金も休業補償給付も，その目的である生活保障という点では同一ですので，労災保険からの休業補償給付を受けることによって生活保障という両制度の社会的目的が達成されることになりますから，傷病手当金は支給されません。

　ただし，休業補償給付の額が傷病手当金の額より少額の場合には，その差額が傷病手当金として支給されます。

8 障害（補償）給付

Q30 頭部打撲による難聴の障害補償の請求は退職後でなければできないのか？

　労災保険の障害補償についてお尋ねします。当社の嘱託社員（定年後嘱託として採用・常勤）Fは書棚整理中梯子台から転落，頭部その他を打撲し約3カ月後治ゆしましたが，その後，耳鳴り，頭痛がすると訴えたので大学病院の診断を受けさせたところ，頭部打撲による「難聴」と診断されました。

　Fは60歳で高血圧症でもあったのでFの難聴が打撲によるものとは一概に考えられませんが，Fが労災保険で障害補償を請求したいというので手続をしてやりたいと思っています。

　難聴の障害補償は退職後でなければ請求できないようにも聞いているのですが，この場合，会社としてどうすればよいかお伺いします。

A　ご質問の「難聴」がどの程度のものであるか明らかでありませんが，聴力の障害は4級から14級まで13種に区分して障害等級が決められています。難聴の原因が頭部打撲によると医師が診断したようですが，ちょっと疑問もあります。というのは，F氏は高血圧症であったとのことで高血圧症は動脈硬化につながり，動脈硬化は耳鳴りなどの症状を呈するもので難聴と無関係とはいえません。

難聴には，老人性難聴・騒音性難聴・災害性難聴など色々種類があります。したがって，それが打撲と因果関係があるのかどうかは請求書を提出して労働基準監督署長の決定に任せるほかはないでしょう。

次に，退職しなければ請求できないかという問題ですが，そのようなことはありません。それは騒音性難聴の取扱いと混同しているのではないかと思われます。騒音性難聴（著しい騒音を発する場所における業務による難聴等の耳の疾患）は，騒音作業を離れると，その症状はほとんど増悪しない性質を有しているので，障害等級の認定の時期は労働者が騒音作業を転退職した時という扱いになっており，災害性難聴（急性音響性聴器障害）の場合は療養終了後30日ごとの間隔で検査し，その聴力検査に有意差のないことを確認してから聴力障害の認定をする扱いになっているのです。

以上でご理解いただけたと思いますが，労働基準監督署に障害補償給付請求書を提出して労働基準監督署の決定を待つほか方法はありません。おそらく，労働基準監督署では労災病院などに診断を依頼してその意見を聴いて業務上外や障害等級を決定することとなるでしょう。

なお，頭部打撲による耳の疾病について「業務上の疾病とするためには，外傷と疾病の間に直接の因果関係が認められるもの，すなわち，通常負傷と疾病の部位が同一であること，負傷が疾病を続発せしめるに十分な強度をもっていること，疾病が医学的に首肯される時間的に発病したものであることの3条件を必要とする」という裁決例（昭32・8・31，昭31労61）があります。

Q31 同一手指の人差し指の亡失と親指の用廃の障害等級は何級か？

　私は，会社でトラックから資材を運ぶ作業中，誤って鋼材にはさまれ，左手の示指を切断しさらに母指の関節は全く動かなくなるという災害を受けてしまいました。

　治療も完全に終わりましたので，先日，監督署で障害等級の認定を受け，その後，私の障害等級は準用第９級で一時金が支給されるということになりました。後で障害等級表をみてみましたが，私の障害にぴったりする組合せが障害等級表にみられません。どのようにして，私の障害等級が決められたのでしょうか。

A　障害等級表には，わずか138種の典型的な障害を定めているにすぎません。したがって，この障害等級表に掲げられていない障害の等級をどのように決定するかが問題となるところですが，これら障害等級表にない障害は，嗅覚脱失，味覚脱失などのように障害等級表上のいかなる障害の系列にも属さないもの，手指の障害のように障害等級表上にその属する障害の系列はあるが，該当する障害がないものの２つの種類があります。

　このような障害等級表に掲げられていない障害については，その障害の程度に応じて，障害等級表に掲げられている身体障害の程度に準じて，その等級を定めることとなりますが，とくに後者の場合には，系列の異なる障害が２以上ある場合（たとえば，手指の障害と下肢の障害など）の等級の決定に用いる併合の方法によって，準用等級を決定することとなります。

　ちなみに，異なった系列の障害が２以上ある場合の併合は，次のような基準によって行われます。

(1)　第13級以上に該当する身体障害が２以上あるときは，重い方の等級を１級繰り上げる。

(2)　第８級以上に該当する身体障害が２以上あるときは，重い方の等級を２級繰り上げる。

(3)　第5級以上に該当する身体障害が2以上あるときは，重い方の等級を
　　　　3級繰り上げる。

　そこで，ご質問の障害について考えてみますと，左手の示指を切断し，母指
の運動が全くできなくなったということですから，この障害は，一手の示指を
亡失し，かつ，母指の用を廃したものと考えられます。この組合せの障害は，
ご質問のとおり障害等級表に掲げられていませんので，準用等級を定めること
になります。

　このような場合には，まず，それぞれの障害についての等級を決めます。一
手の示指を亡失したものは障害等級表上第11級の6となっており，一手の母指
の用を廃したものは障害等級表上第10級の6となっております。

　それぞれの障害についての等級が決まりましたら，次には先に説明しました
併合の方法を用いて両方の障害を合わせた等級を決定します。この場合は，第
10級と第11級に該当する障害が2つということですから，先の併合の方法によ
りますと，第13級以上の障害が2つ以上あるときは，重い方の等級を1級繰り
上げることになり，第9級ということになります。

　ただし，ここで注意しなければならないことは，障害等級表に定められた各
身体障害はそれによる労働能力の減少の程度に応じて，第1級から第14級まで
の14等級のうちに，一定の序列（障害の上位・下位の関係）をもって格付けさ
れておりますから，単純に併合の方法を用いて準用等級を決めるということに
なりますと，この上位・下位の関係がくずれる場合がありますので，この点を
考慮しなければなりません。

　ご質問の場合，併合の方法を用いて繰上げをすると第9級になりますが，一
手の母指および示指の用を廃したものは，「一手の母指を含み2の手指の用を
廃したもの」として第9級の9にあり，ご質問の障害はこれより高い障害とな
ります。しかし，ご質問の場合の障害より高い障害として，「一手の母指を含
み2の手指を失ったもの」として第8級の3が規定されています。しかし，ご
質問の障害はこれには達していませんから，この第8級の直近下位の等級であ
る当初の算出どおりの第9級とすることとなります。

　準用等級を定める場合には，併合繰上げした結果について，さらに上位下位
の関係を考慮することとなりますが，これを「障害の序列」といい，留意する

⑧ 障害（補償）給付　61

必要があります。

Q32 右眼失明の後，左眼失明した場合の障害等級は何級か？

　　労災保険の障害補償給付の加重障害の取扱いについてご教示ください。

　　業務上の負傷で右眼が失明し他眼の視力が0.6以下になって第7級の障害補償（131日分の年金）を受けていた者がその後新たな業務上の負傷によって左眼を失明したときは労災保険則第14条第5項によって加重障害として，現在の身体障害の該当する障害等級に応ずる障害補償給付の額（両眼失明で第1級313日分の年金）からすでにあった身体障害等級に応ずる障害補償給付の額（第7級131日分の年金）を差し引いた額の182日分の年金給付となるのでしょうか。あるいは，労災保険則第14条第3項第3号「第5級以上に該当する身体障害が2以上あるとき　3級」繰上げという取扱いで，第4級障害として213日分の年金が支給されるのでしょうか。

Ⓐ　　労災保険則第14条には障害等級の併合・準用（加重等の取扱い）が規定されていますが，ご質問の後段は併合の取扱いで，併合の取扱いは同一の災害によって障害等級表に該当する障害が2つ以上あって2つ以上の障害がそれぞれ第13級以上に該当する場合，繰り上げて等級を決定するもので，すでに障害があった者が新たな業務上の傷病によって同一部位について障害の程度を加重した場合は加重障害の取扱いがされるのです。

　「同一部位について」ということは，労災保険法・則でも説明されておらず誤解があるようですが，同一部位というのは，身体を解剖学的な観点から区分したもので，次のとおりとなっています。

(1)　眼
　イ　眼球

ロ　眼瞼（右または左）

⑵　耳

　イ　内耳等

　ロ　耳介（右または左）

⑶　鼻

⑷　口

⑸　神経系統の機能または精神

⑹　頭部，顔面，頸部

⑺　胸腹部臓器（外生殖器を含む）

⑻　体幹

　イ　せき柱

　ロ　その他の体幹骨

⑼　上肢（右または左）

　イ　上肢

　ロ　手指

⑽　下肢（右または左）

　イ　下肢

　ロ　足指

　なお，以上の区分にあたって，眼球および内耳等については，左右両器官をもって1の機能を営むいわゆる相対性器官としての特質から，両眼球，両内耳等を同一部位とし，また，上肢および下肢は，左右一対をなす器官ではあるが，左右それぞれを別個の部位とされています。したがって，ご質問の事例は左右両眼で同一部位ですから加重障害として扱われるのです。

　ところで労災保険則第14条第5項は，加重障害の取扱いについて規定されています。既存障害および加重後の障害がともに年金に該当する場合には，既存障害および加重後の障害がともに一時金に該当する場合と同様な方法で算定されるのです。つまり，給付の額は，加重された身体障害の該当する等級の給付の額（日数）からすでに存していた身体障害の該当する等級の給付の額（日数）を差し引いた額（日数）となります。なお，既存障害が第8級以下であって，加重して第7級以上になった場合には，加重後の障害に該当する等級の年

金額（日数）から既存障害の該当する等級の一時金の額（日数）の25分の1を控除して得た額となります。

　したがって，ご質問の事例では，加重後の障害が左右両眼の失明で障害等級第1級となり，既存障害が右眼失明で左眼が0.6以下で第7級の障害ですから313日分から131日分を差し引いた182日分の年金額となるわけですが，この加重後の障害補償年金182日分だけが支給されるのではないのです。そこに解釈の誤りがあるようです。加重後の障害補償年金の算定は既存障害および加重後の障害がともに一時金に該当する場合と同様ですが，加重前の障害が業務上によるもので，その障害について障害補償年金が支給されているときは，加重後の障害補償年金と2本立ての年金が支給されるのです。

　すなわち，当初の業務上の災害による障害と新たな業務上の災害による障害として，2つは，それぞれ別の業務災害であり，双方とも年金が支給されることとなるため，既存障害第7級131日分の年金と加重後の障害補償年金182日分とが支給されるのです。実質的には第1級障害補償年金313日分が支給されるということです。一時金の場合は，このような取扱いは考えられません。

　また，年金の場合でも既存障害が業務外のもので年金給付を受けていないときは加重後の年金だけが支給されるということです。既存障害が業務上のもので障害補償年金給付を受けているとき，新たな障害によって障害の程度が加重された場合は，労災保険則第14条第5項によって障害の加重の取扱いが当然に行われますが年金給付の性質から考えても，現に受けている既存障害補償年金が支給されなくなるというようなことはあり得ないのです。

　また，障害（補償）年金の受給権者はその者の請求により，次に掲げる額を最高額として厚生労働省令で定める額の前払一時金を受けることができます。

障害等級	額	障害等級	額
第1級	給付基礎日額の1,340日分	第5級	給付基礎日額の　790日分
第2級	給付基礎日額の1,190日分	第6級	給付基礎日額の　670日分
第3級	給付基礎日額の1,050日分	第7級	給付基礎日額の　560日分
第4級	給付基礎日額の　920日分		

Q33 人目につく部分の障害（傷跡）による障害等級に，男女差はあるか？

　頭や顔，首等の人目につく部分（外貌）にやけどや傷跡などが残った場合，障害補償給付は何級になるのですか。男性と女性とでは等級が異なると聞いたことがあるのですが本当ですか。

A　業務上の事故で怪我をし，その後治り（労災保険では治療効果のない状態を「治ゆ」といいます），障害が残った場合には，障害の程度により第1級から第14級までの等級に基づき，障害補償給付が受けられます。

　醜状障害については，外貌に著しい醜状を残すものは第7級，外貌に相当程度の醜状を残すものは第9級，外貌に醜状を残すものは第12級となっています。

　「外貌」とは，上肢および下肢（腕，足等）以外の日常露出する部分をいいます。つまり，頭部，顔面部，頸部のような部分をいいます。

　「外貌に著しい醜状を残す」とは，原則として，次のいずれかに該当する場合で，人目につく程度以上のものをいいます。

頭部の場合	手のひら大（指の部分は含まない）以上の瘢痕または頭蓋骨の手のひら大以上の欠損
顔面の場合	鶏卵大面以上の瘢痕または10円銅貨大以上の組織陥没
頸部の場合	手のひら大以上の瘢痕

　「外貌における相当程度の醜状」とは，原則として，顔面部の長さ5cm以上の線状痕で，人目につく程度以上のものをいいます。

　外貌における単なる「醜状」とは，原則として，次のいずれかに該当する場合で，人目につく程度のものをいいます。

頭部の場合	鶏卵大面以上の瘢痕または頭蓋骨の鶏卵大面以上の欠損
顔面の場合	10円銅貨大以上の瘢痕または長さ3cm以上の線状痕
頸部の場合	鶏卵大面以上の瘢痕

障害補償の対象となる外貌の醜状とは，人目につく程度以上のものでなければなりませんから瘢痕，線状痕，および組織陥没であっても，眉毛，頭髪等に隠れる部分については，醜状として取り扱わないことになっています。

　その他，認定に当たっては，かなり細かい取扱いがあります。

　障害等級については，外貌に著しい醜状を残す場合等，女性と男性では等級が異なっていましたが，平成23年2月1日に男女差の解消がされる改正がなされ，現在は男女とも同じ等級に認定されます。

66　第 1 編　労働者災害補償保険法〔Q34〕

⑨ 遺族（補償）給付

Q34　前払一時金と年金は同時に受けられるのか？

　　当社の従業員が業務上死亡し，奥さん（36歳）と14歳の長女と11歳の長男が残されました。労災保険の遺族補償年金を請求するわけですが，遺族補償年金は給付基礎日額の1,000日分が最初に支給され，残りは年金として毎年支給されると聞いております。この1,000日分と年金は同時に支給されるのですか。つまり，当座の出費に当てるため1,000日分が支給され，一定の年金の支払時期には年金ももらえるのでしょうか。

　　1,000日分と年金が同時にもらえるとすれば，遺族としても大変助かるのですが。

Ａ　労災保険の遺族補償年金は，労働者が業務上死亡した場合，その労働者の死亡当時その収入によって生計を維持していた一定範囲の遺族に支給されます。年金は毎年 2 月， 4 月， 6 月， 8 月，10月，12月の 6 期に分けてそれぞれ前月分までの 2 カ月分が支給されることとなります。

　そこで，遺族の一時的な出費が必要となることも考慮し，遺族（補償）年金の受給権者の請求があれば，前払一時金として給付基礎日額の200日分，400日分，600日分，800日分，1,000日分のいずれかが支給されます（何日分を選ぶかは受給権者の希望によりますが， 1 回限りとなっています）。お尋ねの「1,000日分が最初に支給され……」というのは，前払一時金のことと思われます。

⑨ 遺族（補償）給付　67

　前払一時金は，年金の一部前払いとして行われるものですから，一時金と年金が同時に支給されることはありません。

　この前払一時金の請求は，原則として遺族補償年金の受給権者が年金の請求と同時に行わなければなりませんし，年金の受給権者が2人以上である場合には，それらの者の全員が請求した場合のみ，それらの者全員に対して，1個の一時金として支給されることになっていますが，遺族補償年金の支給決定の通知があった日から1年を経過するまでの間については，遺族補償年金を請求した後においても前払一時金を請求することができます。ただし，前払一時金の支給を受ける権利は，（労働者の死亡の日の翌日）から2年を経過したときは，時効によって消滅します。

　ところで，55歳以上60歳未満の夫，父母，祖父母，兄弟姉妹が受給権者の場合には，60歳に達するまで年金は支給停止（若年停止）されますが，これらの者に対しても請求があれば前払一時金は支給されます。

　遺族補償年金前払一時金が支給されると，遺族補償年金は次に掲げる額を合算した額が，遺族補償年金前払一時金の額に達するまでの間支給停止されます。

①　遺族補償年金前払一時金が支給された月後最初の遺族補償年金の支払月から1年を経過した月前に支給されるべき遺族補償年金の額

②　遺族補償年金前払一時金が支給された月後最初の遺族補償年金の支払期日から1年を経過した月以後各月に支給されるべき遺族補償年金の額を，算定事由発生日の法定利率にその経過した年数※を乗じて得た数に1を加えた数で除して得た額の合算額

　簡単に言えば，支給されてから1年経過後の分については，利息分を差し引くことになります。

　　※年数に1未満の端数を生じたときは，切り捨てます。

　この場合の支給停止期間の計算は60歳に達したときから開始され，60歳から支給される年金が，この一時金相当額に達するまでの間支給停止されることになります。

　なお，他の前払一時金の場合も支給停止期間についての考え方は同様です。

　ご参考までに，遺族補償年金の額は次の表のようになっています。

68　第1編　労働者災害補償保険法〔Q34〕〔Q35〕

〈遺族補償年金額表〉

遺族の数	給付の額
1　人	給付基礎日額の153日分 55歳以上（または障害）の妻　　175日分
2　人	給付基礎日額の201日分
3　人	〃　　　　223日分
4人以上	〃　　　　245日分

Q35 先夫との間の子，現在の夫との間の子，どちらも遺族補償の受給権者か？

　労災保険の遺族補償の受給者の件についてお尋ねします。当社の女子従業員Ｓは会社の業務で当社の運転手Ｆの運転する車に乗って銀行に行く途中に自動車事故で死亡しました。

　死亡したＳは先夫との間に生まれたＡと再婚後生まれたＢの2人の子があり，これらの子とＳは死亡当時生計を一つにしていなかったのです。

　他に受給資格者がいないので，ＡとＢは労災保険遺族補償の一時金の受給資格者となれると思うのですが，先夫との間の子Ａは受給資格者としては不適当と思われますがどうでしょうか。

　また，ＡとＢの2人が遺族補償一時金の受給資格者として扱われる場合，実際にＡとＢとに半分ずつ支給されるものなのでしょうか。

Ａ　死亡した女子従業員Ｓと先夫との間に生まれたＡは，労災保険法第16条の7第1項第3号によって遺族補償一時金の受給資格者と認められます。

　ご承知のとおり，遺族補償一時金は労災保険法第16条の6第1項第1号によって，労働者の死亡の当時遺族補償年金の受給資格者がいないとき支給されます。ご質問の事例では，労災保険法第16条の2の規定による遺族補償年金の

受給資格者がいないと認められますので，遺族補償一時金が受給資格者たるＡおよびＢに支給されることになります。ご質問に，先夫との間に生まれた子Ａは受給資格者として不適当と思われるとありますが，先夫との間に生まれた者であってもＳの子供であることに違いなく，法条文上も区別はなく，後の夫との間に生まれた子Ｂと取扱いを異にする理由はないのです。

　なお，ご質問では，後の夫の存否が不明ですが，法律上の配偶者で単にＳの死亡当時生計維持関係がなく別居していたものであれば配偶者たることを失わず，遺族補償一時金の受給資格者となります（労災保険法16条の７第１項１号）。したがって，その場合はその夫が同法第16条の７第２項によって遺族補償一時金の受給権者となり，２人の子ＡとＢは受給資格者であっても受給権者たり得ないのです。

　次に，遺族補償一時金がＡとＢとに半分ずつ支給されるのかという問題ですがそのとおりでＡとＢとに平等に分割支給されます。法条文上も解釈上も子について長幼序列あるいは男女の別によって取扱いを異にすることはなく，その数によって平等に分割支給されます。

　遺族補償一時金の請求については遺族補償一時金支給請求書様式の裏面注意事項に「請求人が２人以上あるときは，その住所及び氏名を連記し押印すること」とあって，事務の取扱い上，受給権者全員の同時請求が必要とされています。

　なお，遺族補償年金を受ける権利を有する者が２人以上あるときは，これらの者は，そのうちの１人を請求および受領についての代表者に選任しなければならないこととされていますが，世帯を異にする等やむをえない事情があるため代表者を選任することができないときは，この限りではないこととされています。

Q36 別居している母親に送金していた場合，遺族補償年金は受けられるか？

当社の従業員Aは，先頃，業務上の事由により死亡しました。A は独身で郷里を離れて当社に勤務していたものですが，Aの遺族には郷里に居住している58歳になる母親がおります。Aは，毎月，給料の一部を母親に送金していたとのことですがAの母親もスーパーの販売員として勤務しておりました。

このような場合，Aの母親には，労災保険から年金が支給されることになるのでしょうか。

(A) 労災保険では，業務上死亡した労働者の遺族に対しては，遺族補償年金または遺族補償一時金が支給されます。このうち遺族補償年金を受けることができる遺族については，労災保険法第16条の2に定められており，「労働者の配偶者，子，父母，孫，祖父母及び兄弟姉妹であって，労働者の死亡の当時その収入によって生計を維持していたものとする。……」とされています。そこで，労働者の死亡の当時，生計維持関係にあったかどうかの判断は，次のような考え方に基づいて行われます。

まず，「死亡の当時」というのは，必ずしも死亡時点において現に労働者の収入によって生計を維持していることは要しません。

たとえば，労働者が負傷し，または疾病にかかった当時に，その収入によって生計を維持していた場合には，一般に労働者が業務上被災しなかったならば，その死亡当時においてもその収入によって生計を維持していたであろうと推定できますので，死亡時点において状況が変わっていても，労働者の死亡当時その収入によって生計を維持していたものとして取り扱われます。

なお，「収入」には，賃金のほか配当金などの財産収入，さらには休業補償給付や厚生年金保険の障害年金など，要するに一切の収入が含まれるものとされています。

次に，「生計を維持していた」とは，「もっぱら」または「主として」労働者

⑨ 遺族（補償）給付　71

の収入によって生計を維持している場合はいうまでもありませんが，相互に収入の全部または一部をもって生計費の全部または一部を共同計算している状態があれば足りることとされています。

　たとえば，共働き夫婦のような場合も，配偶者の他方の収入の一部によって生計を維持していたことになります。生計費を共同にしている以上，妻の収入が夫の収入より多い場合でも，原則として妻は夫と生計維持関係があると認められます。また，生計維持関係は，通常，生活を共にしていることが多いのですが，必ずしも住居が同じであることを要しません。たとえば，出稼ぎなどのように，一時的に別居のかたちをとっていても，送金により生計が維持されていることが明らかな場合は，生計維持関係があったと認められます。

　以上のことからご質問の場合についてみますと，Ａさんの母親もスーパーに勤務して給与を受けていたと思われますが，Ａさんの死亡当時，Ａさんからの毎月の送金によって共同して母親の生計が維持されていることが明らかであれば，生計維持関係があったと考えられます。

　ただし，遺族補償年金は，遺族が母親の場合，55歳以上であれば受給資格はありますが，60歳に達するまでは年金の支給は停止されますので，Ａさんの母親については，60歳に達するまでの間は年金は支給停止されることになります（なお，遺族補償年金前払一時金は，55歳以上60歳未満の場合であっても請求して支給を受けることができます）。

Q37　夫の死後，実家の籍に戻ると遺族補償年金は受けられない？

　私の夫は昨年，業務上死亡し，私が遺族補償年金を受給していますが，都合により実家の籍に戻ることになりました。このような場合，今までどおり年金は支給されるのでしょうか。

　なお，私には5歳と3歳になる子供がいますが，一緒に連れていきます。

ご質問にお答えする前に、まず、遺族補償年金の受給権の消滅について説明します。

遺族補償年金の受給権者が次のいずれかに該当した場合には、その者の受給権は消滅（失権）します。また、受給資格者についても同様で、受給資格が消滅（失格）します。この場合に、同順位者がいないときには、次順位者が受給権者となります。これを「転給」といいます。

1　死亡したとき。民法の規定による失踪宣告等により死亡とみなされた場合も含まれます。
2　婚姻（届出をしていないが、事実上婚姻関係と同様の事情にある場合を含む）をしたとき。
3　直系血族または直系姻族以外の者の養子（届出をしていないが、事実上養子縁組関係と同様の事情にある者を含む）となったとき。すなわち、受給権者が自己または自己の配偶者の父母、祖父母等でない者、たとえば自己のおじ、おば（傍系の親族）その他の者の養子となったときです。なお、事実上の養子縁組関係とは、主として未成年の受給権者が傍系尊族その他の者によって扶養される状態があり、かつ扶養者との間に養親または養子と認められる事実関係を成立させようとする合意がある場合をいいます。しかし、夫を失った妻が再婚し、その子が母の新たな配偶者と養子縁組した場合、妻が失権することは当然としても、子供の受給資格まで失格させるのは遺族の保護にならないので、子供の母の夫、すなわち直系姻族と養子縁組したものとして、子供の受給資格（受給権）を否認しないこととしています。
4　離縁（養子縁組関係の解消）によって、死亡労働者との親族関係が終了したとき。すなわち、受給権者が子である場合には死亡労働者の養子でなくなったとき、父母である場合には死亡労働者の養父母でなくなったとき等です。
5　子、孫または兄弟姉妹については、18歳に達する日以後の最初の3月31日が終了したとき（労働者の死亡の時から引き続き労災保険則第15条の障害の状態にあるときを除く）。
6　労災保険則第15条の障害の状態にある夫、子、父母、孫、祖父母または

兄弟姉妹については，その事情がなくなったとき（夫，父母または祖父母については労働者の死亡の当時55歳以上であるとき，子または孫については18歳に達する日以後の最初の3月31日までの間にあるとき，兄弟姉妹については18歳に達する日以後の最初の3月31日までの間にあるかまたは労働者の死亡の当時55歳以上であるときを除きます。ただし，55歳以上60歳未満の夫，父母，祖父母または兄弟姉妹については，60歳に達するまで，支給が停止されます）。

さて，ご質問の場合ですが，失権事由のうち4番目の「離縁」とは，養子縁組の解消のことをいいます。あなたが婚家の籍から抜けて実家の籍に戻ったとしても，それはここにいう離縁ということにはなりません。したがって，実家に戻ったあと再婚すれば別ですが，実家の籍に戻っただけでは，受給権に影響はなく遺族補償年金は続けて支給されます。

次に，受給権者が子である場合には，死亡労働者の養子でなくなったときが，右の「離縁」に該当します。したがって，あなたの2人のお子さんについても受給資格に影響はありません。なお，文面ではわかりかねますが，もし，あなたの亡くなられたご主人の両親が受給資格者であった場合は，現在あなたが受給している額にはその分が加算されていますが，今度，あなたが実家の籍に戻りますと，亡くなられたあなたの御主人の父母は，受給者であるあなたと「生計を同じくしている遺族」ではなくなりますので，あなたに支給される年金額は，あなたとあなたのお子さん2人分とで計算される額ということになります。

Q38 無免許運転で死亡した場合，遺族補償給付は受けられるか？

　当社は貨物運送業の会社ですが，先日大型トラックの運転を誤り側溝に転落し助手Aが死亡しました。

　この死亡事故について労災保険の遺族補償の請求をしているのですが，発生の時に，車を運転していたのが無免許の助手Aであったということで，2カ月以上になっているのに，いまだに支給決定がありません。事故の時免許を持っている正運転手Bも同乗していたのですが，長距離輸送のことであったので，Bが一服するため助手席に移り代わって助手のAが仮に運転していたのです。当社では，運転手不足もあってやむを得ず無免許のAを助手としてつけていたのです。

　労働基準監督署の調査で，会社が無免許の者が運転することを黙認していたのではないかといわれましたが，その点についてはそのように解釈されてもやむを得ないと答えました。給付が遅れているのはそれが原因となっているのでしょうか。どうしたらよいでしょうか，ご教示ください。

　Aが無免許運転であっても，遺族補償は何ら制限を受けることなく，全額Aの遺族に支給されますからご安心ください。

　というのは，労災保険法第12条の2の2に関する取扱通達によって，労働者の重大な過失による場合でも，死亡事故については支給制限をしないこととされているからです。同条では労働者の重大過失による死亡事故についても支給制限が行われるように「保険給付の全部又は一部を行わないことができる」と規定されています。しかし，取扱通達では，「支給制限の対象となる保険給付は，当該労働者の傷病に係る休業（補償）給付，障害（補償）給付及び傷病（補償）年金のうち，療養開始後3年を経過する日の属する月分まで」（昭40・7・31基発906，昭52・3・30基発192）となっていて，遺族（補償）給付，葬祭料・葬祭給付および療養（補償）給付は支給制限の対象となっていません。で

すから，遺族に対しての遺族補償給付・葬祭料等は何ら制限なく全額が支給されます。

次に，労働基準監督署の支給決定が若干遅れているということですが，それは労災保険法第31条第1項第3号「事業主が故意又は重大な過失により生じさせた業務災害の原因である事故」との関係からだと考えられます。

ご承知のように，事業主の故意または過失による未手続中に生じた事故，保険料滞納期間中に生じた事故，事業主の故意または重大過失によって生じさせた事故については，労働者あるいは遺族等の受給権者に対して保険給付を行って，保険給付と別個に事業主から制裁金として費用を徴収する（労災保険法31条1項）というものです。

労働基準監督署が問題としているのは，貴社が無免許の者の運転を黙認していたとすれば，それが「事業主の重大な過失により生じさせた業務災害の原因である事故」に該当するかどうかを検討しているからだと思います。もし，該当するとされたときは，貴社は事業主として保険給付に要した費用の一部（取扱通達によって30％相当額）を徴収されることになります。

ところで，貴社で無免許の者が車の運転をすることを黙認していたとすれば，それは一般的に事業主の重大過失により生じさせた事故に該当し，費用の徴収を免れることはできないと認められます。なお，この費用徴収の決定に対しては行政不服審査法による不服申立をすることができますから，納得できない場合はそうするほかないでしょう。

なお，ご参考までに，費用の徴収の取扱いとは直接の関係はありませんが，運転免許を持たないブルドーザーの運転助手が単独で作業現場まで運転途中に発生した死亡事故について，労働基準監督署長が，被災者の恣意行為による災害であって業務に起因するものと認めず，審査官も同様認めなかった事件に対して労働保険審査会が「当該作業場の労務管理の実情より，慣習上助手がブルドーザーを運転することがあることが黙認されていたものであって，被災者の業務逸脱行為であるとは到底認められない。被災者は業務遂行中，その業務に起因して死亡したものであると判断するを相当とする」という裁決を昭和46年2月22日に出しています。

⑩ 介護（補償）給付

Q39 介護補償給付の支給要件と支給額は？

　保険給付として介護補償給付がありますが，その内容をご教示く
ださい。

Ⓐ　介護補償給付は，労働福祉事業として実施されていたものを法定給付
に格上げしたもので，この給付は障害補償年金または傷病補償年金を受
ける権利を有する労働者が，その受ける権利を有する障害補償年金または傷病
補償年金の支給事由となる障害であって厚生労働省令で定める程度のものによ
り，常時または随時介護を要する状態にあり，かつ，常時または随時介護を受
けているときに，当該介護を受けている間，当該労働者に対し，その請求に基
づいて支給されます。

　ただし，当該労働者が身体障害者療護施設等に入所している間は支給されま
せん。

⑴　給付の内容

　介護補償給付は月を単位として支給されることとされており，その額は，1
月につき，被災労働者の区分に応じ，それぞれ次のとおりです。

①　常時介護を要する被災労働者

　ア　その月に費用を支出して介護を受けた日がある場合（イの場合を除
　　く）

　　その月において介護に要する費用として支出された額（その額が

166,950円を超えるときは，166,950円（令2.4.1〜以下同じ））

　イ　その月に費用を支出して介護を受けた日がない場合または介護に要する費用として支出された費用の額が72,990円に満たない場合であって，親族等による介護を受けた日がある場合

　　72,990円（支給すべき事由が生じた月において介護に要する費用として支出された額が72,990円に満たないときは，当該介護に要する費用として支出された額）

②　随時介護を要する被災労働者

　ア　その月に費用を支出して介護を受けた日がある場合（イの場合を除く）

　　その月において介護に要する費用として支出された額（その額が83,480円を超えるときは，83,480円）

　イ　その月に費用を支出して介護を受けた日がない場合または介護に要する費用として支出された費用の額が36,500円に満たない場合であって，親族等による介護を受けた日がある場合

　　36,500円（支給すべき事由が生じた月において介護に要する費用として支出された額が36,500円に満たないときは，当該介護に要する費用として支出された額）

なお，その月に費用を支出して介護を受けた日がある場合については，支給すべき事由が生じた月から，支給すべき事由が消滅した月まで各月において介護費用として支出された額を算定して給付を行います。

また，その月に費用を支出して介護を受けた日がない場合であって，親族等による介護を受けた日がある場合については，①親族等から介護費用を支出しないで介護を受け始めた月においては給付は行わず，その翌月から給付を行い，②親族等から介護費用を支出しないで介護を受けることがなくなった月については，1カ月分の給付を行います。

(2)　障害の程度

①　常時介護を要する障害の程度

　　常時介護を要する障害の程度に該当するものは次のとおりです。

　ア　障害等級第1級第3号に規定する身体障害または傷病等級第1級第1

号に規定する障害の状態

イ　障害等級第1級第4号に規定する身体障害または傷病等級第1級第2号に規定する障害の状態

ウ　障害等級表に掲げる身体障害が2以上ある場合その他の場合であって障害等級が第1級であるときにおける当該身体障害または傷病等級表の第1級の項障害の状態の欄第3号から第9号までのいずれかに該当する障害の状態（アおよびイに定めるものと同程度の介護を要する状態にあるものに限る）

②　随時介護を要する障害の程度

随時介護を要する障害の程度に該当するものは次のとおりです。

ア　障害等級第2級第2号の2に規定する身体障害または傷病等級第2級第1号に規定する障害の状態

イ　障害等級第2級第2号の3に規定する身体障害または傷病等級第2級第2号に規定する障害の状態

ウ　障害等級が第1級である場合における身体障害または別表第2第1級の項障害の状態の欄第3号から第9号までのいずれかに該当する障害の状態（アおよびイに定めるものと同程度の介護を要する状態にあるものに限る）

(3)　支給対象とならない施設入居者の範囲

介護補償給付については，身体障害者療護施設等の施設に入所している間は支給しないこととされています。これは，①当該施設において十分な介護サービスが提供されることから被災労働者は親族等から介護を受ける必要がなく，②当該介護サービスに相当する費用が徴収されていないため，当該施設に入居している被災労働者については，そもそも介護補償給付を支給する必要がないからであり，この旨が予め法令上明示されているものです。

支給対象とならない施設の具体的範囲は以下のとおりです。

ア　身体障害者療護施設

身体障害者福祉法第30条に規定する，常時介護を必要とする身体障害者に対して治療および養護を行う入居施設

イ　身体障害者療護施設に準ずる施設として厚生労働大臣が定めるもの

a　特別養護老人ホーム

　　原則として65歳以上の者で，身体上または精神上著しい障害があるため常時介護を必要とし居宅でこれを受けることが困難な者の入居施設

b　原子爆弾被爆者特別養護ホーム

　　被爆者であって，身体上または精神上著しい障害があるために常時の介護を必要とし，かつ，居宅においてこれを受けることが困難な者に対して，必要な介護，健康管理，医療を提供する施設

c　その他親族等による介護を必要としない施設であって当該施設において提供される介護に要した費用に相当する金額を支出する必要のない施設として厚生労働大臣が定めるもの

　　ただし，これに該当する施設は定められていません。

ウ　病院または診療所

　　介護老人保健施設は，介護保険法第94条の規定により病院または診療所に含まれます。

⑪ 二次健康診断等給付

Q40 二次健康診断等給付はどのような場合に受けられるか？

　私は，この春，会社に義務付けられている健康診断を受診しましたが，その結果が良くなく，将来は脳血管疾患に注意するようにとまで言われました。

　なお，現在のところ健康であると思っていましたので，医療機関にはかかっていませんでしたが，労災保険において健康診断を受けることができると聞きましたが，その内容について教えてください。

Ⓐ　二次健康診断等給付は，労働者が労働安全衛生法第66条第1項の規定による健康診断（または，当該健康診断に係る同条第5項ただし書の規定による健康診断）において，血圧検査，血液検査その他業務上の事由による脳血管疾患および心臓疾患（以下「脳・心臓疾患」という）の発生にかかわる身体の状態に関する検査を行った場合に，当該検査を受けた労働者がそのいずれの項目にも異常の所見があると診断され，かつ脳・心臓疾患の症状を有していないと認められる場合に，当該労働者の請求に基づき行われる保険給付のことです。

　この給付内容は，二次健康診断と特定保健指導です。

　具体的には，血圧，血中脂質，血糖，肥満度（ＢＭＩ）が一定以上の検査結果を有する者等がこの二次健康診断等給付を受けることができることとなり

ます。

　ところで，本保険給付は，社会復帰促進等事業として設置された病院もしくは診療所または都道府県労働局長の指定する病院もしくは診療所での現物給付という形で支給されるものであり，いわゆる労災指定病院とは異なります。注意することは，その請求先は，健診を受けようとする医療機関を経由して都道府県労働局長とされていることで，他の保険給付の所轄監督署長宛てとは異なっています。

　請求書には，一次健康診断の検査項目のいずれにも異常の所見があると診断されたことを証明する書類を添えなければなりません。

　請求は，天災その他請求をしなかったことについてやむを得ない理由がある場合を除き，一次健康診断を受けた日から3カ月以内にしなければなりません。

　また，二次健康診断等給付は，労働安全衛生法第66条第1項（定期健康診断）に基づく健康診断に異常所見があるときに給付されるものであるため，1年度（4月1日から翌年3月31日までの間）に1回のみ受けることができます。

82　第1編　労働者災害補償保険法〔Q41〕

12 自賠責保険と労災保険

Q41　自賠責から保険金を受領すると，労災保険給付は受けられないのか？

　　当社の従業員が業務中に自動車事故で死亡したのですが，遺族補償についてご教示ください。

　　死亡した従業員Sには，死亡した当時生計を一にしていた者として妹（21歳）と弟（16歳）の2人がおり，Sの故郷N市には両親（父58歳，母55歳）が健在です。

　　この場合，労災保険の遺族補償は16歳の弟に支給されるべきものと思われますが，労災保険の支給を受ける前にN市の両親が自賠責保険で3,000万円の賠償金を受けていたので，16歳の弟には労災保険で遺族補償を請求する権利がないとも考えられます。自賠責保険の方でSの両親に賠償金3,000万円を払ったことにも疑問があり，自賠責保険の支払は弟になされるべきであったと思われるのですが，このへんのところについて説明してください。

Ａ　結論から申しますと，Sさんの弟は労災保険の遺族補償給付を受けることができます。なぜならば，労災保険と自賠責保険では受給権者の扱いが異なっており，自賠責保険の方で両親に支払ったからといって，労災保険もこれと同じ扱いをしなければならない理由はないからです。

　　ご承知と思いますが，自賠責保険は自動車損害賠償保障制度であって，本来

民法第709条に基づくもので、被害者が加害者の故意、過失を実際に立証することが困難であるという考えから被害者側を早急に救済するために設けられたものであって、責任保険の限度額で賠償しようとするものです。

このことは、つまり民法の損害賠償の規定によるものですから、死亡の場合はその相続人が受給権者となるわけで、死亡したSさんには妻子がないのですから民法第889条によって相続権の順位は第一に直系尊属、第二に兄弟姉妹ということでSさんの両親が自賠責保険3,000万円の保険金の支払を受けたことは正当なのです。

前記のとおり、自賠責保険では受給権者が相続人となっています。労災保険の遺族補償年金の受給者は「遺族補償年金を受けることができる遺族は、労働者の配偶者、子、父母、孫、祖父母及び兄弟姉妹（18歳に達する日以後の最初の３月31日までの間にあるか又は60歳以上であること等の条件あり）であって、労働者の死亡の当時、その収入によって生計を維持していたもの」（労災保険法16条の２）となっており、労働者の死亡当時その収入によって生計を維持していたものが第一条件になっています。Sさんの両親はこの条件に該当せず、Sさんの弟が該当し、受給権者となり、遺族補償年金の支給が受けられます。

すなわち、労災保険の遺族補償給付は被扶養利益の喪失に対する補償という考えに立脚して行われており、前にあげたような民法の損害賠償という考えとは性質を異にしているのです。

以上の説明でご理解いただけたと思うのですが、労災保険法第12条の４の規定に若干問題が残ります。というのは、労災保険法第12条の４の規定は、同一の事由について二重のてん補を受けるというような不合理をなくするため、民法上の損害賠償との調整をはかるために設けられたものです。

ご質問の事例では、実際問題として二重のてん補になっていて、調整がなされていないのは公平を欠くようにも考えられます。

表面上は16歳の弟が受給権者であっても未成年者ですから遺族補償の請求受領については両親の同意が必要で、受領した場合にも実際は両親が管理するでしょうから現実には同一の事由について二重に補償がなされるという結果になります。

たしかに不合理と思われますが、自賠責保険と労災保険とでは受給権者が異

84　第1編　労働者災害補償保険法〔Q41〕〔Q42〕

なるのですから，同一の事由（Sの死亡による）について賠償あるいは補償が
行われても，それは同一の受給権者に対してなされるものではないのですから
特別の例外として認めざるを得ないでしょう。

Q42　交通事故でケガをさせ，相手に過失があった場合，相手の労災保険の支給はどうなるのか？

　　当社の職員Aの運転する営業車が通行中のBに接触し，全治6カ
月の負傷を負わせてしまいました。負傷したBはある会社の事務員
で業務中であったので，自賠責保険で限度額の120万円で足りず労
災保険で請求しました。しかし過失がBに4割あったとのことです。
聞くところによると，労働者の重大な過失により災害を発生させた
場合は，支給制限があるということを聞いています。労災保険の取
扱いはどうなるのでしょうか。

　　ところで，自動車賠償責任保険では，過失の有無は問題とされず
限度額の120万円まで支給されました。

Ⓐ　被害労働者Bさんの過失が4割あったということですが，その過失と
いうものはどういうものだったのでしょうか。そして，その4割という
のはどうして決められたのでしょうか。それはともかくとして労災保険に給付
制限があるのは，労災保険法第12条の2の2第2項の「労働者が……重大な過
失により，……負傷……の原因となった事故を生じさせたとき」に該当するも
のと認められる場合です。

　同法第12条の2の2第1項前段の支給制限の取扱いについては，「事故発生
の直接の原因となった行為が，法令（労働基準法・鉱山保安法・道路交通法な
ど）上の危害防止に関する規定で罰則の付されているものに違反すると認めら
れる場合について適用し，支給制限の対象となる保険給付は当該労働者の傷病
に係る休業補償給付及び障害補償給付で，支給事由の存する間，保険給付のつ

ど所定給付額の30％支給制限する」（昭40・7・31基発906）ということになっています。

ですから，被害労働者Ｂさんに全面的に過失があった場合でも労災保険の給付制限は休業補償と障害補償の保険給付額の30％までということになるのです。しかし，被害労働者の過失が４割程度の場合に，この第12条の２の２の規定が適用されるとは一般に考えられません。前記の通達は，少なくとも労働者に過失が大半ある場合に適用するというように解せられます。なぜかといいますと，労災保険は労働者保護を主たる目的とするものだからです。

ところで，ご承知と思いますが，ご質問の事例は，いわゆる第三者行為災害に該当します。貴社の職員Ａさんが直接の加害第三者に当たるわけですから，本来加害者たるＡさんがＢさんに対して損害賠償責任を負うべきものです。自賠責保険で一応120万円の損害賠償を行ったわけですが，残りの部分についてＡさんは損害賠償をしなければならないのです。たまたま負傷したＢさんが労働者で，かつ，会社の業務遂行中であったので，労災保険の給付も受けられるというにすぎないのです。

労災保険法第12条の４の規定は，このような場合の取扱いを定めています。さきにも述べたとおり，第三者の不法行為によってＢさんは業務上負傷したので，本来第三者が損害賠償をすべきもので労災保険ではあずかり知らないというべきですが，被害労働者の迅速な保護ということから第三者の損害賠償に先んじて労災保険給付を行うことが同条で規定してあり，その場合，労災保険給付を行った政府は被害労働者の有する損害賠償請求権を取得し，加害者に損害賠償を請求するということになります。

したがって，本件の場合は，労働基準監督署長はＢさんに労災保険給付（Ｂさんの過失についてはほとんど考慮はされず全額給付されると思います）を行って，加害者たる貴社のＡさんに対して労災保険給付の価額の限度で損害賠償を請求することになると思います。

その場合にはじめて双方の過失の度合いが問題とされ，貴社のＡさんの過失が６割であり，Ｂさんの過失が４割であるならば，政府は労災保険給付を行った価額限度で損害の６割に相当するＢさんの損害賠償請求権を貴社のＡさんに対して請求することになるのです。それに対して，Ａさんは政府の請求に応じ

86 第1編 労働者災害補償保険法〔Q42〕〔Q43〕

なければならず，同時に貴社も使用者責任を負ってＡさんの損害賠償責任をある程度負担しなければなりません。

　以上のとおりになることと思われます。

13 特別加入

Q43 建設事業の下請負の社長も保険給付を受ける方法があるのか？

　当社は北海道のＡ市で主として大手建設業者の下請けを行っています。就業労働者は5人程度で，社長も一般就業労働者と同様に作業に従事し，全国各地の工事現場に出かけています。大手業者が行う工事の下請け専門であり，事務担当の専任の者も置いていません。たまたま，社長がある工事現場で作業中負傷したので労災保険を請求しようと考えて元請けの労災保険で証明をお願いしたところ，下請けの社長は労働者ではないから元請けの労災保険を適用できないといわれました。

　元請けの労務担当者の話では，社長は事業主であるから事業主組合で加入することが認められるからということですが，事業主組合などというものはなく，労災保険に加入するために新しく事業主組合を作ることも容易ではありません。何か別の方法がないのでしょうか。

Ⓐ　いかに規模が小さくても会社の社長は，その事業を代表する者であって，使用従属関係の下にある労働者とは認められませんから，原則として労災保険の労働者としては扱われないことになっています。しかし，事業主だからといってすべてを認めないというのではなく，いわゆる一人親方とか中小事業主については特別加入という方法が認められています。

ご質問の事例は，中小事業主の特別加入に該当します。貴社が単独の労災保険関係を成立させ（労災保険加入の手続をする），「労働保険事務組合」に労働保険の事務処理を委託すれば，社長も労働者扱いになり，特別加入できます。

中小事業主の特別加入は，あくまでも使用する労働者の労働保険関係の基礎の上に成り立つ制度ですから，労働保険関係をまず成立させないと特別加入することはできません。その点に関して，「数次の請負による建設の事業の下請負事業を行う事業主が特別加入する場合は，有期事業の一括扱いをされる事業についてあらかじめ保険関係が成立している場合に限る。」とする通達があります。したがって，貴社が独立して労災保険に加入するには，「保険関係成立届」と「概算保険料申告書」を所轄の労働基準監督署に提出すればよいのですが「保険関係成立届」と「概算保険料申告書」の「一括有期事業」扱いの項には概要を記入しなければなりません。

次に労働保険事務組合に労働保険事務処理を委託する手続ですが，適当な労働保険事務組合を選んでその事務組合に「労働保険事務処理委託届」を出し，事務組合を通じて「特別加入申請書」（中小事業主等の分）を当該労働保険事務組合の主たる事務所を管轄する労働基準監督署を経由して都道府県労働局長宛に提出することになります。

なお，委託事業主の範囲は，常時300人（金融業もしくは保険業，不動産業または小売業を主たる事業とする事業主については50人，卸売業またはサービス業を主たる事業とする事業主については100人）以下の労働者を使用する事業主と定められています（労災保険則46条の16）。

ところで，労働保険料についてですが，仮に貴社に元請け工事の予定がなくても元請け工事があると仮定して，年度初めには労働者分の概算保険料を支払っておかなければなりません。もし，元請け工事がなかった場合には，年度更新の折に確定保険料は零として精算することになります。次年度の労働者分の概算保険料についても同様に概算保険料を申告・納付することになります。

特別加入者の保険料計算の仕方については，Q123を参照してください。

なお，貴社が請け負った建設事業が数次の請負による事業（徴収法第8条に該当するもの）の場合は，元請負人のみが事業主になりますので，労災保険の適用も元請負人のみになります。

13 特別加入　89

Q44 白ナンバーの運転手の負傷は労災保険の適用があるのか？

　　当社は陸上貨物運送業を営んでいますが，先日Ｓ運転手が出張先で荷物の運搬作業中に荷（約50キログラムのもの）を足首に落とし骨折してしまいました。

　　この事故は当然に業務上になると思って労働基準監督署に労災の請求をしたのですが，労働者であるかどうかが問題にされており，いまだに給付が決められません。

　　当社としては，Ｓを他の労働者と同様に扱ってきたつもりなのですが，Ｓがトラック（白ナンバー）を持っていたことと，当社がＳに支払っているものが賃金と認め難いということで問題となっているものです。たしかに，Ｓは当社の休日以外は毎朝８時に出勤し（トラックを持参する）営業課長の指示によって貨物運送の業務に従事し，それに対して当社は走行キロ数と荷扱量によって賃金を計算して支払っているもので，一般の常用労働者とは賃金計算方法が違っていますが，貨物運送の業務がないときは常用として１日２万円支払っています。

　　Ｓの１カ月の収入は約70万円で他の労働者と比べて高くなっていますが，それだけの理由で労働者と認められないのでしょうか。

Ⓐ　結論から述べますと，一般にＳ運転手は自営業者であって労働者とは認められません。その者が労働者であるのかどうかの判断については種々の解釈例規でも問題にされていますが，必ずしも明らかではありません。労働基準法あるいは労災保険法上の労働者は，事業に使用されて労働の対償として賃金を支払われる者とされており，労働契約が民法の雇用契約と異なるのは労働関係における労働の従属性にあると一般に理解されています。

　しかし，要は，その者が労働基準法や労災保険の保護対象となるべき労働者であるかどうか，その実態によって判断されるべきでしょう。種々の解釈例規で説明されていても明らかでないというのは，ケースバイケースで実態が異な

るからです。

　ご質問のうち，貨物輸送の業務がないときは常用で1日2万円支払っているという点について，それは貨物運送業務以外の雑役あるいは車の修理などの業務を行うものと考えられます。

　この場合，常用として直接使用者の指揮監督を受けて労働に従事するもので，一般の労働者と異なるところはないと認められ，その常用労働者として労働に従事しているとき発生した事故については労災保険給付は何ら問題なく行われます。しかし，自分の車を持ち込んで貨物運送業務を行うことは，労働関係において使用者に使用されて労働に従事するものとは認められません。ご質問に「営業課長の指示によって」とありますが，その営業課長の指示は単にその日のSの運送業務を注文するだけのように思われ，Sはその注文によって荷物を運送するにすぎないと考えられます。つまり，Sは貴社の営業課長から，その日その日に荷物を一定の場所から一定の場所に運搬する注文を受け，注文どおりに貨物運送の仕事をして，その仕事の結果に対して貴社から報酬（運賃）を受領する者ということになります。

　それは，民法第632条の「請負は，当事者の一方がある仕事を完成することを約し，相手方がその仕事の結果に対してその報酬を支払うことを約することによって，その効力を生ずる。」ところの請負契約に該当するものというべきで，労働の給付そのものを契約内容とする雇用でもなく労働契約でもないと認められます。

　Sが休日以外毎日朝8時に出勤するというのは，おそらく当日の仕事の割振りのためという会社の便宜上からのことで，Sがそれに同意して決定したことと思われ，一般の労働者のように午前8時に出勤しなければ遅刻扱いとし，賃金を差し引くというようなものではないと考えられます。Sが受け取る報酬も労働関係において使用者から支払われる賃金とは考えられません。それは走行キロ数と荷扱量とによって計算される出来高給的なものとしても賃金の性格を有するものとは思われません。なぜならば，賃金は労働の対償として支払われるものであり，Sが貴社から受領する金銭は運送契約という請負業務に対する報酬と認められるからです。

　以上のように，Sは労働者とは認められませんが，下請負人の判断について

13 特別加入　91

は次のような解釈例規があります。

〈参考通達〉

　下請負人がその雇用する労働者の労働力を自ら直接利用するとともに，当該業務を自己の業務として相手方（注文主）から独立して処理するものである限り，注文主と請負関係にあると認められるから，自然人である下請負人が，たとえ作業に従事することがあつても，労働基準法第9条の労働者ではなく，労働基準法第10条にいう事業主である（昭23・1・9基発14，昭63・3・14基発150）。

Q45　本社，工場とも業務のある役員の特別加入は，両方の事業所で加入するのか？

　当社は電気機械器具製造業です。本社は新宿区内にあり，工場は葛飾区内にあり，従業員は本社が30名，工場が約200名です。労災保険は，本社と工場とが，別の事業となるため別個に加入していますが，本社勤務の取締役がときどき工場に出張しますので，これらの取締役が業務上災害を被ることも予想されます。それで，労災保険の特別加入者として適用を受けたいと考えていますが，この場合，労働保険事務組合に事務委託をして，本社，工場のそれぞれについて特別加入の手続をしなければならないのでしょうか。

　本社と工場とでは料率が異なっているので，料率の高い工場の方で特別加入の手続をすれば，事故が起きた場合，それほど問題はないと思うのですが，どうでしょうか。

Ⓐ　本社，工場それぞれ労災保険に加入しているとのことですから，それぞれ独立したものと認められます。

　したがって，取締役が本社に所属しているのであれば，本社の労災保険に特別加入をし，二重に手続をする必要はありません。ご質問にもあるとおり，本社の労働保険事務をしかるべき労働保険事務組合に委託し特別加入の申請をす

ればよろしいでしょう。

　ご承知と思いますが，中小事業主等の特別加入は，労働保険事務組合にその労働保険事務を委託することが条件となっております。特別加入申請にあたっては，その事務組合の証明が必要とされ，申請書の提出先は，委託した労働保険事務組合の主たる事務所を管轄する労働基準監督署を経由して都道府県労働局長ということになっていますから，貴社の本社の所在地である新宿区内の労働保険事務組合の中から適当な事務組合を選定した方が便宜だと考えられます。

　なお，中小事業主等の特別加入申請は，事業主が当該事業に従事する労働者でない者を包括して行わなければなりません。

　特別加入の申請にあたっては，「別紙」に，特別加入予定者の氏名・事業主との関係・業務の内容・希望する給付基礎日額を記載することになっています。「業務の内容」欄には，特別加入予定者の担当する業務の具体的内容の記入が必要とされていますから，貴社の取締役の通常担当している業務，所定就業時間を記入すれば，それによって，その従事する業務から工場に出張する必要があるということも認められるでしょう。特別加入者の業務上外の認定の取扱いについて，行政通達（昭50・11・14基発671）に，「当該事業の運営に直接必要な業務（事業主の立場において行う本来の業務を除く）のために出張する場合」は業務遂行性を認める旨述べられていますが，貴社の取締役が工場に出張することが貴社の事業の運営に直接必要なもので，その事実が証明できるものであるなら，出張先の工場で事故が発生しても当然にそれは業務上災害として扱われるでしょう。

　本社と工場と別々に労災保険に加入していて，その保険料率が異なっているからといって，料率の高い工場所属の取締役として工場の労災保険の特別加入者の適用を考える必要はありません。

　特別加入の対象となる取締役が何名おられるのか不明ですが，それらの取締役の特別加入の問題は，それぞれの取締役の担当する業務と所属から判断すべきで，取締役が工場長の職務も兼ねているような場合は，工場の労災保険にかかる特別加入の方法をとるのが正しいと思われます。本社と工場と業態が異なっていても，二重に特別加入をする必要はありません。「中小事業主等の特別加入について」（昭40・11・1基発1454）という通達のなかに「同一の中小事

13 特別加入 93

業主が2以上の事業についてそれぞれ保険加入をし，事務組合に労働保険事務の処理を委託しているときは，当該事業主及びその事業に従事する者は，1の事業のみについて特別加入することができるのはいうまでもないが，2以上の事業について重ねて特別加入することも妨げない」とあります。これは同一の中小事業主が，全く業態の異なる2以上の事業を行っていて，中小事業主等がいずれの業務に主として従事するのか区別が困難な場合等の取扱いを示しているものと解すべきでしょう。なお，年度中途で特別加入した場合の保険料は，月割で計算されます。

Q46 海外派遣者は特別加入できるか？

当社では製造業を営んでおります。このたび社員を海外にある工場に派遣させることになりましたが，社員が，現地で業務中あるいは通勤途上にケガをした場合に，労災保険の適用を受けることができるのでしょうか。

Ⓐ 労災保険法は国内法ですから，法律の一般原則である属地的効果によって，その適用を受けるのは日本国内の事業場に所属する労働者に限られます。そこで，海外の事業場に派遣される者が労災保険の適用を受けるためには，海外派遣者の特別加入の手続をとらなければなりません。

海外派遣者として特別加入できる者の要件としては，日本国内の派遣元事業主等から派遣命令を受けて海外で行われる事業に従事する者でなければなりません。したがって，すでに海外において事業に従事している者が特別加入することは可能ですが，現地採用者は，日本国内から派遣される者に該当しないので特別加入することはできません。また，建設工事等の事業（有期事業）からの派遣については，派遣中に派遣元の事業が消滅する可能性があることから，特別加入ができないとされています。

また，海外において事業に従事する者の中には，日本国内の事業からの出張

と認められる者もいますが，この場合は特別の手続をするまでもなく，日本国内の事業で成立している保険関係によって労災保険による保護が受けられることとなります。

そこで，「海外出張」となるのか，あるいは，「海外派遣」となるのかの区別が必要となるわけですが，それは，

① 労働の場が単に海外にあるにすぎず，国内の事業場に所属してその事業場の使用者の指揮に従って勤務するのか……海外出張

② 海外の事業場に所属してその事業場の使用者の指揮に従って勤務することになるのか……海外派遣

という点から，その勤務の実態を総合的に勘案して判定することとされています。

なお，海外派遣の特別加入は，労働者として派遣先の事業に従事する者以外に，海外一定規模（金融業，保険業，不動産業，小売業またはサービス業については50人，卸売業については100人，その他の業種にあっては300人）以下の事業に中小事業主等として派遣される者についても特別加入が認められることとなっています。

Q47 家事使用人は，労災保険に特別加入できるのか？

家政婦紹介所等から紹介され個人家庭に雇用されるいわゆる家政婦さんが，労災保険に特別加入ができるようになったと聞きました。内容を教えてください。

Ⓐ 労災保険の特別加入制度には，第一種特別加入（中小事業主等），第二種特別加入（一人親方その他の自営業者），第三種特別加入（海外派遣者）の3種類あります。家政婦さん（「家事支援従事者」といいます）は，そのうちの第二種特別加入者に該当するように改定されました。

第二種特別加入者には，①厚生労働省令で定める種類の事業を労働者を使用

13 特別加入　95

しないで行うことを常態とする者，②厚生労働省令で定める種類の作業に従事する者等があり，家事支援従事者は②に該当します。

今までは，この厚生労働省令で定める種類の作業が，「介護関係業務に係る作業であって，入浴，排せつ，食事等の介護その他の日常生活上の世話，機能訓練又は看護に係るもの」（労災保険則46条の18第5号）でしたが，平成30年4月1日から下記のように改正されました。

> 日常生活を円滑に営むことができるようにするための必要な援助として行われる作業のうち次に掲げるもの
> 　イ　介護関係業務に係る作業であって，入浴，排せつ，食事等の介護その他の日常生活上の世話，機能訓練又は看護に係るもの
> 　ロ　炊事，洗濯，掃除，買物，児童の日常生活上の世話及び必要な保護その他家庭において日常生活を営むのに必要な行為

「家事支援従事者」は，上記のロに該当し，特別加入ができるようになりました。作業の内容としては，「掃除」には床，水回り炊事場，家具などの清掃が含まれます。「児童の世話等」には児童の送迎が含まれます。「その他日常生活を営むのに必要な行為」には，裁縫，荷造り，郵便・宅配等荷物受取，寝具の整備，庭の手入れのほか利用世帯において掃除と一体的に提供される修繕サービスが含まれます。

加入手続は，団体を通して行い，労災保険率は介護作業従事者と同じですから，平成31年度から1,000分の5です。

Q48

労働組合法に規定する労働組合の常勤役員は，特別加入することができるのか？

当方は，労働者の労働条件改善，経済的地位の向上等を目的に活動している労働組合です。現在は，専従代表者が一人で労働組合の業務を行っております。このたび常勤役員を置くことになりました。この場合，労災保険に加入することは可能なのでしょうか。

A 労働組合法第2条および第5条第2項の規定に適合している労働組合であり，組合が労働者（例えば事務員等）を使用しているのであれば，中小事業主等の特別加入（第1種特別加入）として労災保険に加入することができます。その場合は，組合の労働者はもちろん当該労働組合に雇用される労働者として労災保険の適用があります。

今回のように，労働者は使用せず，専従代表者と常勤役員だけの場合は，労働者を使用しないので，中小事業主等の特別加入ができませんでした。そこで，平成31年に通達改正され，労働組合の常勤役員は，通常，専従職員と同様の業務も併せて行い，かつ，その常勤役員はその報酬により生計を立てているのが一般的であるため，このように専従職員を使用しない労働組合の常勤役員は，労働者とみなして中小事業主等の特別加入として加入することができるようになりました。

なお，専従職員も常勤役員もいないで専従代表者のみの場合は，一人親方等として（第2種特別加入）労災保険に特別加入することができます。いずれにせよ，特別加入することは可能です。

14 その他

Q49 労災保険の傷病補償年金と障害厚生年金を同時に受ける場合の調整は？

当社の従業員が，業務上の負傷で労災保険の治療を受けていますが，その負傷は1年6カ月を経過するも，いまだ治ゆせず，傷病補償年金に移行する見込みです。

一方，その者は厚生年金保険の被保険者となっていますので，1年6カ月経過ということで，厚生年金保険の障害厚生年金も受けられます。労災保険と厚生年金保険の両方が受けられる場合には，両保険の間で支給調整が行われると聞いたのですが，どのような調整がなされるのでしょうか。

A 労災保険の傷病補償年金は，業務上の傷病により療養を開始してから1年6カ月を経過した日またはその日後において治ゆせず，かつ，障害の程度が傷病等級に該当する場合に支給されます。

給付内容は，傷病等級に応じ，給付基礎日額の313日分から245日分となっています。

一方，厚生年金保険では，初診日から起算して1年6月経過した日またはその期間内に治った日（症状が固定し治療の効果が期待できない状態になった日を含む）において，その傷病により障害厚生年金の障害等級に該当するような状態になれば，障害厚生年金が支給されます。したがって，労災保険の傷病補

償年金と厚生年金保険の障害厚生年金の両方を受ける場合があります。つまり傷病補償年金と障害厚生年金は同一事由により併給されるわけです。

しかし，この両者の間では，支給調整が行われます。これは，1つの災害に対し，二重のてん補が行われることの不合理を解消するものです。

その方法は，労災保険の給付を減ずるという方法で行われ，傷病補償年金は，調整前の傷病補償年金の額に0.88を乗じて得た額に減額して（すなわち12%分だけ減額して）支給されます。そして，厚生年金保険の障害厚生年金は減額することなく全額支給されます。

ですから，たとえば給付基礎日額が1万円で，労災保険の傷病補償年金額（傷病等級1級）が，3,130,000円（10,000×313＝3,130,000）で，厚生年金保険の障害厚生年金が100万円であったとすれば，労災保険の傷病補償年金は，次の算式により2,754,400円となります。

$$3,130,000 \times 0.88 = 2,754,400$$

他方，厚生年金保険の障害厚生年金は，100万円がそのまま支給されます。

そのほか，遺族補償年金と遺族厚生年金，障害補償年金と障害厚生年金などとの間でも一定の調整率による支給調整がなされます。

14 その他　99

Q50 労災未加入中の事故を，健康保険から労災保険に切り替えることができるか？

　当社は貨物運送会社ですが，昨年8月までは個人経営でした。個人経営当時に，従業員Fがトラックから転落して腰部を打撲したのですが，労災保険に加入していなかったので健保でかかっていました。その後Fは郷里に帰り，K県のM市の病院で同じく健保でかかっております。Fの病状は良くならず，なお相当日数がかかるようで，当社の負担（現在給料の50％を払っています）も大変です。

　会社になってからは労災保険加入の手続をしたのですが，この個人経営当時のミスをいつまでも隠し続けているのは苦痛で，できることならはっきりさせたいと思います。また，支払うものを支払ってFと会社との関係を断ちたいという考えもあるのですが，どうしたらよいでしょう。

Ⓐ　1人でも労働者を使用するものは原則として労災保険の当然適用事業で，当然適用事業であれば保険関係成立届出をしていなくても，また，保険料を納めていなくても労災保険の保険給付は受けられます。

　なお，労災保険未加入分の保険料は，原則として2年間遡って納めなければなりませんが，事実を明らかにして支払うべきものを支払うならば，ご質問にある精神的苦痛は氷解するのではないでしょうか。

　次に，支払うものを支払ってFと会社との関係を断ちたいという点ですが，これは不可能です。それは労基法第19条の解雇制限違反となるからです。すなわち，労働者が業務上の傷病にかかり療養のために休業する期間およびその後30日間は解雇できないことになっているからです。この労基法第19条第1項ただし書に「使用者が，第81条の規定によつて打切補償を支払う場合……は，この限りでない」旨の規定がありますが，現在，労基法第81条の打切補償を支払う方法によってFを解雇することはできません。

　ところで，労災保険法第19条は傷病補償年金と労働基準法の解雇制限（労基法19条）との関係について規定したものです。療養開始後3年を経過した日以

100 第1編 労働者災害補償保険法〔Q50〕〔Q51〕〔Q52〕

後において傷病補償年金の給付が行われていれば，事後の療養および生活については，必要な期間，必要な限度で，補償が行われますので，打切補償が支払われたものとみなして，解雇制限の解除の効果を生ぜしめることとしたものです。したがって，療養開始後3年を経過した日以後において，傷病補償年金を受けている場合には，解雇できます。

　なお，平成27年の最高裁の判決を受けて，「労災保険法第12条の8が規定する療養補償給付を受ける労働者が，療養開始後3年経過しても疾病等が治らない場合には，労基法第75条による療養補償を受ける労働者が上記の状況にある場合と同様に，使用者は，当該労働者につき，労基法第81条の規定による打切補償の支払をすることにより，解雇制限の除外事由を定める労基法第19条第1項のただし書の適用を受けることができる。」と通達を出しました。

Q51 労災認定された傷病に対して，過去に健康保険から給付を受けていた場合の調整は？

　当社社員が，上司からパワハラを受けうつ病になり休職していました。当初，業務外ということで，健康保険の傷病手当金を請求し支給されていました。しかし，いろいろな状況から労災ではないかと労働基準監督署に相談をしたところ，労災認定されました。このような場合，健康保険から労災に切り替えることはできるのでしょうか。また，手続はどのように行えばよろしいのでしょうか。教えてください。

Ⓐ　このような場合，健康保険からの給付は間違っていたのですから，当然，労災からの給付に切り替えなければなりません。

　手続ですが，健康保険からの給付はいったん返還し，新たに労災保険の給付請求をしなければなりません。しかし，簡単に返還といっても，傷病手当金のみならず療養の費用もありますから，かなりの金額になります。そこで，被災

労働者の負担の軽減を図るため，平成29年2月から，「返還を要する金額相当分の労災保険給付の受領について，当該被災労働者から保険者に委任する旨の申し出があり，健康保険の返還通知書等を添えて労災請求があった場合に限り，健康保険の保険者から示された金融機関の口座に，療養の費用等の振込を行う方法により，調整を行って差し支えない」との内容の通達が出されました。

　手順ですが，健康保険の保険者から返還すべき額を被災労働者に通知されますので，その通知書と委任状を労働基準監督署に送付します。その際に，診療費の自己負担分がある場合は，上記の書類と併せて，医療機関が発行した領収書を添付して療養の費用請求を行います。その結果として，健康保険からの給付金は保険者に返還され，労災保険から新たに保険給付されることになります。

　この取扱いは，健康保険の場合のみならず，後期高齢者医療広域連合や石綿健康被害救済制度を運用する独立行政法人環境再生保全機構との間の調整でも同様に行われます。

Q52 自動車事故で加害者が示談を求めてきた場合はどうすればよいのか？

　当社の従業員が商品を自動車で配送中，信号待ちで停止している時に乗用車に追突され，むち打ち症で治療中です。加害者は治療費は払ってくれましたが，休業補償は労災から取ってくれといって払わず，「早く示談をしてくれ，むち打ち症くらいで長く休む必要はない」としつこくいってきます。

　示談条件を示せといったところ，治療費の他に20万円を出すからそれで解決にしてくれということです。追突が相当ひどかったため，会社の車も大分破損したのですが，従業員は追突された上，前に停まっていた車にぶつかり，胸を打ったりして，1カ月入院し，その後も現在まで1カ月，1日おきに通院し，仕事は休んでいます。

　加害者は会社にうるさく示談書を書けといってくるのですが，どのように処理すべきでしょうか。

102　第1編　労働者災害補償保険法〔Q52〕〔Q53〕

A　　加害者が示談を急ぐのは，刑事裁判のために示談書が欲しいからだと思われます。しかし，示談というのは，事故による損害賠償についての最終的契約です。治療が終わるまでは，妥当な賠償額も決められないので，最終的な契約である示談を結ぶことはできません。

　ただ，加害者としても，刑事裁判で示談が成立していないというだけでは，被害者救済に誠意なしとして，より重い刑罰を科されることになりますので，できるだけ近い時期の診断書を取って渡してあげるとか，示談を成立させられるまでに治療が済んでいない状況を手紙ででも加害者に通知するとか，加害者が裁判所で示談が成立していない事情をはっきり述べられるように協力してあげるぐらいのことはすべきでしょう。

　ご質問の場合の加害者はいく分非常識なところもあるようですが，それにしてもこちらまで非常識な態度をとることはありません。示談をきっぱりと断わると同時に，診断書や手紙を送ってやるのがよいでしょう。問題はその後の処置です。第一は，被害者の方が自覚症状をよく医師に話して適切な治療をしてもらい，医師の指示に従って治療に努めることです。

　第二は，労災保険，自賠責保険等の制度を活用して，休業補償等をできるだけ早く入手することです。この労災保険，自賠責保険等でこちらが給付を受けた分については，保険の事務当局が加害者に支払を請求することになっていますから，これら社会保険を使うと加害者に利益になるなどと誤解をしないで，事務当局とよく話し合って，早く給付を受けるようにするのが上手なやり方です。

　第三は，治療の見通しがついたら妥当な損害賠償請求額を算出することです。強制保険（自賠責保険），労災保険から給付を受けた分については加害者には請求できませんが，これらはいずれも，裁判で認める損害額ほどは給付してくれず大抵の場合不足分が出ます。この不足分は加害者に請求することができるもので，この支払については話し合いをし，合意に達したときに示談が成立したということになり，示談書を作ることになります。

　そして，この妥当な損害賠償額は，事故前の収入金額の詳細，治療の状況（入・通院の別，各々の期間，手術の有無等），治療の結果（後遺症の有無，状態・程度）などによって決定されるのです。

14 その他　103

Q53

以前に石綿関連の仕事をしていたが，発症した場合，石綿健康被害救済制度または労災保険からの給付が受けられるか？

　私は，以前，建設現場において，石綿を取り扱う仕事をしていましたが，最近の新聞報道で救済制度があることを知りました。現在は健康ですが，今後の健康状態が心配です。もし万が一発症した場合には救済されるのでしょうか。それとも，労災保険が受けられるのでしょうか。

A　まず，石綿健康被害救済制度の概要について，説明します。

　これは，「石綿による健康被害の救済に関する法律」により，石綿（アスベスト）による健康被害を受けた者およびその遺族で，労災保険の補償等の対象とならない方に対して，救済給付を行う制度です。

　対象となる疾病（指定疾病）は，アスベストによる，①中皮腫，②気管支または肺の悪性新生物，③著しい呼吸機能障害を伴う石綿肺，④著しい呼吸機能障害を伴うびまん性胸膜肥厚となっています。これらの疾病にかかっている者や制度が始まる前（平成18年３月27日より前）にこれらの疾病で亡くなられた者の遺族が認定の申請および給付の請求をすることができることになっています。

　救済給付の種類は，次のとおりです。

① 　医療費（本人が請求）

② 　療養手当（本人が請求）

③ 　葬祭料（葬祭を行う者が請求）

④ 　特別遺族弔慰金（生計が同一であった遺族が請求）

⑤ 　特別葬祭料（生計が同一であった遺族が請求）

⑥ 　救済給付調整金（生計が同一であった遺族が請求）

　施行日から２年以内にその疾病が原因で死亡した場合で，すでに支給された医療費および療養手当の合計額が，特別遺族弔慰金の額に満たないと

104 第1編 労働者災害補償保険法〔Q53〕〔Q54〕

きにその差額

救済給付を受けるためには，独立行政法人環境再生保全機構の認定を受ける必要があります。

また，この制度は，国からの交付金，地方公共団体からの拠出金，事業主からの拠出金（一般拠出金）によって賄われます。一般拠出金は，労災保険に係る一般保険料の計算の基礎となる賃金総額に業種を問わず一律1,000分の0.02（平成26年4月1日〜）の料率を乗じて算定されていますが，労働保険料ではないのでメリット制の適用はありません。

次に，労災保険について述べますが，アスベストに関係するような労働者または特別加入者で，アスベストによる健康被害が生じ，それが業務上と認められる場合には，労災保険から保険給付が行われることになります。なお，労働者または特別加入者の遺族で，時効により労災保険法による遺族補償給付の支給を受ける権利が消滅した方にも「特別遺族弔慰金」が支給されます。

結論は，あなたの場合には，一定の要件を満たせば，労災保険または石綿健康被害救済制度いずれかの給付が受けられると思われます。

Q54 個人番号法施行に伴う労災保険に関する手続の変更点は？

いわゆる「個人番号法」が施行されたことにより，労災保険の事務手続上，どんなことが変更になったでしょうか？

Ⓐ いわゆる個人番号法は，正式名称を「行政手続における特定の個人を識別するための番号の利用等に関する法律」といい，行政機関等が行政事務を処理するに当たり，特定の個人を識別する機能を活用し，異なる分野に属する情報を照合して効率的な情報の処理をすることが目的の1つになっています。個人番号は個人情報と結びついているものですから，行政機関等が個人番号を利用できる範囲は，個人番号法別表第1に規定されています。その別表

によると，労災保険に関しては，「保険給付の支給又は社会復帰促進等事業の実施に関する事務であって厚生労働省令で定めるもの」となっています。

現在，労災保険において個人番号を記載しなければならない書類は，次の書類です。

- a．障害補償給付支給請求書
- b．障害給付支給請求書
- c．傷病の状態等に関する届
- d．遺族補償年金支給請求書
- e．遺族年金支給請求書
- f．遺族補償年金，遺族年金転給等請求書
- g．年金たる保険給付の受給権者の住所・氏名・年金の払渡金融機関等変更届

労災保険の請求は，請求者本人が直接労働基準監督署等に提出することになっています。したがって，個人番号は原則として本人が請求書等に記載することになります。その点，雇用保険の手続の場合と異なる部分があります。

ただし，本人の委託により，事業主が本人に代わって請求書等の作成や提出を行うことができます。その場合には，①代理権の確認，②代理人の身元確認，③本人の個人番号の確認ができる書類を，労働基準監督署等に提示または提出することになります。

また，個人番号が記載された書類を労働基準監督署等へ郵送する場合は，できるだけ追跡可能な簡易書留等による方法で提出することも必要です。

第2編
雇用保険法

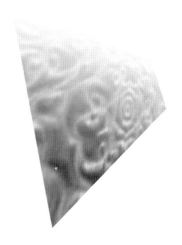

1 適用関係

Q55 社員が転勤した場合の雇用保険の事務手続は？

当社では，販路拡張のため，地方都市にも支店を設置することとなりました。この支店の設置に伴い，本社の中堅幹部をそれらの支店に転勤させ新設支店の業務の充実を図っていきたいと考えておりますので，転勤の場合の雇用保険の手続について教えてください。

A　事業主は，その雇用する被保険者を本店から支店等他の事業所に転出させた場合には，その事実のあった日の翌日から起算して10日以内に，転勤後の事業所の所在地を管轄する公共職業安定所に雇用保険被保険者転勤届を提出しなければなりません。手続の際には，原則として転勤の事実を証明することができる書類（労働者名簿，出勤簿，辞令等のいずれか）等を添付することになっています。しかし，転勤について疑義が生じるようなケースでなければ，添付しなくても構わないことになっています。

　雇用保険法上における転勤とは，被保険者の勤務する場所が同一事業主の1つの事業所から他の事業所に変更されるに至ったことをいうのであって，単なる出張とか一時的な駐在等は，転勤として取り扱われません。雇用保険法上，1の事業所と認められないとして事業所非該当の承認を受けている施設間の異動は，転勤の実態を備えていても同一施設内における配置換えと同様に取り扱われますので，転勤の届出の必要はありません。

　また，土木建築業のA事業所から同一の事業主のB事業所に被保険者が移動

した場合に、その移動を被保険者資格の取得又は喪失として取り扱うか、または転勤として取り扱うかの判断は、被保険者に係る雇用関係に関する個々の実態によります。本社採用のいわゆる職員などの基幹要員については、基本的に継続雇用ですから、作業所を移動しても支社などから出張しているものとして取り扱われます。現場雇用労務者については、新たに雇用されているのか、その他の職員の転勤と同様に取り扱われているのか等を勘案した上で、転勤手続か被保険者資格の得喪手続になるのか判断します。

なお、1つの事業所が2つの事業所に分割された場合および事業譲渡に伴って旧事業主と認められる新事業主との間に被保険者が雇用関係を結ぶ場合にも、一定の労働者について、転勤として取り扱われます。

転勤と認められた場合は、転勤前の事業所と転勤後の事業所とが同一公共職業安定所の管内である場合でも、雇用保険被保険者転勤届の提出が必要です。

Q56 アルバイト・臨時雇などは雇用保険に加入しなければならないのか？

当社では、非常勤職員、アルバイト学生、臨時雇、歩合制外務員等を雇っていますが、これらの者は、雇用保険に加入することについて、どのような取扱いがされていますか。

適用事業に雇用される労働者は、適用除外者に該当しない限り、雇用保険の被保険者となるのが原則です。

しかし、ご質問に例示された者が労働者であるか否か、つまり雇用関係があるか否かが名称だけでは判断できず、それぞれの具体的な事情について検討することが必要です。一般的には日雇労働者の場合を除き、次のように取り扱われています。

その者の勤務の実態からみて事業主との間に雇用関係（その者が事業主の支配を受けて、その規律の下に労務を提供し、その対償として報酬を受けている

関係）があるか否かによって判断することとなっています。

　具体的には，就業規則の適用の有無，出勤義務の有無，職務の内容および服務についての事業主の指揮監督の有無，提供した労務の対償としての賃金支払の有無等から総合的に判断したうえ，雇用関係があると認められる場合には労働者となり，そのうえで被保険者資格の有無を判断することとなります。具体的には次のように取り扱われています。

(1) 非常勤職員

　一般的に「非常勤」と称していても，勤務時間，給与の決め方など様々だと思います。説明したように労働者であると判断された場合には，1週間の労働時間が20時間以上であり，31日以上雇用される見込みがあれば，被保険者となります。労働者と判断されない場合は被保険者になりません。

(2) 学生

　雇用保険法第6条第4号の規定により，原則として学生は適用除外になっています。その適用除外になる学生とは，次の者であると規定しています。

> ① 学校教育法第1条に規定する学校，同法第124条に規定する専修学校，同法第134条第1項に規定する各種学校の学生または生徒
> ② ①に掲げる者に準ずるものとして厚生労働省令で定める者

　上記②の厚生労働省令（雇保則3条の2）では，次の者以外の者と規定し，結果的に下記ⓐ～ⓓの者は雇用保険の被保険者になるとしています。

> ⓐ 卒業を予定している者で，適用事業に雇用され，卒業した後も引き続きその事業に雇用されることになっている者
> ⓑ 休学中の者
> ⓒ 定時制の課程に在学する者
> ⓓ ⓐからⓒに準ずる者として職業安定局長が定める者

　したがって，一般的な昼間学生は被保険者になりません。

(3) 臨時内職的に雇用される者

　反復継続して就労するものでなく，臨時内職的に就労するにすぎない者であってその者の受ける賃金が家計補助的なものであるときは，その者は被保険者となりません。

(4) 歩合制外務員

　生命保険会社，損害保険会社，証券会社等の外務員については，雇用関係であるか委任関係であるか不明確な場合が多いですが，固定給の有無およびその割合，就業規則適用の有無，出勤義務の有無等，前述の雇用関係の判断にあたって述べた諸点を総合的に判断して雇用関係が明確に認められる場合には被保険者となります。しかしながら，その報酬が歩合制のみによる外務員については，雇用関係が明確でなく，通常は被保険者とならない場合が多いと考えられます。

　なお，試みの雇用期間中の者は，試用期間が設けられていても，雇用された日から被保険者となります。その間の勤務状況などをみて正式に採用するか否かを決定するものですが，継続的な労働関係に入ることを前提としているものであるからです。

Q57　パートタイマーは，すべて雇用保険に加入させなければならないのか？

　当社では，経営の軽量化をはかるため，今年からいわゆるパートタイマーを大量に採用することを考えております。パートタイマーの雇用保険の適用については，一定の基準があり，これに該当する者のみが雇用保険の被保険者となると聞いておりますが，これについて具体的に教えてください。

　最近，産業構造の変化等により，各企業ともいわゆるパートタイマー（短時間就労者）を雇用する傾向にあります。

　パートタイマーの雇用保険の適用にあたっては，これらの者の特殊性を考慮して，就業規則等で労働時間，賃金その他の労働条件が明確に定められている場合であって，さらに，次の要件のいずれにも該当するものについて，被保険者とすることとしております。

112 第2編 雇用保険法〔Q57〕〔Q58〕

 (1) 1週間の所定労働時間が20時間以上であること。
 (2) 31日以上引き続き雇用されることが見込まれること。

「31日以上の雇用見込み」とは，31日以上雇用が継続しないことが明らかである場合以外は雇用見込みがあると判断されます。たとえば，雇用契約期間が31日未満であっても，雇用契約の更新があり得る旨の記載があったり，31日未満での雇い止めの記載がない場合や，雇用契約に更新する旨の記載がなくても同様の雇用契約により雇用された労働者が31日以上雇用された実績がある場合は，31日以上雇用見込みがあると判断され，被保険者になります。

したがって，1週間の所定労働時間が20時間以上であれば，ほとんどの人が被保険者になると思われます。

ところで，「1週間の所定労働時間」は，就業規則，雇用契約書等により通常の週（祝祭日，年末年始・夏季休暇等の特別な休暇を含まない週）に勤務すべきこととされている時間をいいます。1週間の所定労働時間が短期的かつ周期的に変動して1週間の所定労働時間が一通りでない場合は，それらの平均を算出した時間とします。所定労働時間が1カ月単位で定められている場合は，その時間を12分の52で除して得た時間を1週間の所定労働時間とします。この場合も，通常の月（祝祭日，年末年始・夏季休暇等の特別な休暇を含まない月）に勤務すべき時間数で算出します。

そこで，貴社で採用されるパートタイマーについて，雇用保険が適用されるためには，これらの者についての労働条件等が就業規則等で明確に定められていることが前提となります。そのうえで，前述の基準に該当する場合に，これらの者は雇用保険の被保険者となるわけです。

Q58 雇用保険法上の労働者の範囲は？

雇用保険では適用拡大が行われているということですが，雇用保険法上でいう労働者の範囲について説明してください。

Ⓐ　雇用保険法における労働者の定義については，行政通達で「職業の種類を問わず適用事業に雇用される労働者で，事業主から支給される賃金，給料その他これに準ずるものの収入によって生活している者」と示されています。

　すなわち，他人に使用され，労働を提供し，その対価である報酬（賃金，給料，手当等その名称のいかんを問わない）によって生活する者は労働者となります。したがって，単に雇用契約によって使用される者のみに限定されず，組合契約，請負契約等によって労働に従事する者であっても，他人との間において使用従属の関係にたち，その指揮監督のもとに労務に服し（従属労働），労働の対償として報酬を受け，これによって生活する者は，労働者です。この意味において使用者のもとに使用従属の関係にたち，賃金，給料その他の報酬によって生活することを本体とする者である限り，現に就業していると否とは問いません。

　また，雇用の形態，職業の種類を問わないことはいうまでもありません。したがって，常用労働者であると日雇労働者であるとを問いません。職員，事務員などのいわゆる事務労働者，商店の売子その他のサービス業に従事する者なども含まれ，その労働する場所も工場，事務所，商店等を問いません。

　以上のように，雇用の形態，職業の種類を問わず，賃金，給料その他これに準ずる収入によって生活する者に当たるものは労働者とされるわけです。この場合，真に雇用関係にあるか否かは個々のケースでの実態判断によることとなります。

　ところが，この実態判断上，問題となる者があります。たとえば，臨時内職的に雇用される者であって，①その者の受ける賃金をもって家計の主たる部分を賄わない者，すなわち，家計補助的なもの，②反復継続して就労しない者であって，臨時内職的に就業するに過ぎないものの要件に該当する場合には雇用保険法上の労働者とされません。

　また，株式会社における取締役の地位は，委任関係ですから原則として労働者とされませんが，取締役であって同時に会社の部長，支店長，工場長など従業員としての身分を有する者は，報酬支払などの面からみて労働者的性格の強い者であって，雇用関係ありと認められるものに限り労働者とされます。この

ほか問題となる者を例示すれば，生命保険会社などの外交員，家事使用人，学生，短期間就労者等があります。

しかしながら，労働者であっても雇用保険法を適用することが適当でない者については，雇用保険法を適用せず，雇用保険の被保険者としないこととしています。雇用期間が短いため，基本手当の受給要件（原則として離職日以前2年間に通算して12カ月以上の被保険者期間があること）を満たすことが困難となる者，たとえば4カ月以内の期間を定めて行われる季節的事業に雇用される者には雇用保険法が適用されません。

また，他の制度によって雇用保険法の失業等給付を超える給付を受けることができる場合には，雇用保険法の適用を除外して，被保険者としないこととしています。国，地方公共団体等の職員で，公的な退職手当制度の対象となるものがこれに当たります。

なお，雇用保険法の改正により，平成29年1月1日より65歳以降に雇用された人も被保険者となり，65歳以上の被保険者は「高年齢被保険者」となりました。高年齢被保険者に関する給付等は，Q65を参照してください。

Q59 営業所を新設した場合の手続は？

当社は適用事業の商社ですが，このたび，販路拡張のため，営業所を新設することとなりました。この営業所の新設に伴う雇用保険の手続を教えてください。

Ⓐ　適用事業所の事業主は，被保険者に関する届出その他の事務について，原則として事業所ごとに処理することになっています。「事業」が経済活動単位の機能面を意味するのに対して，「事業所」は物的な存在の面を意味するものです。したがって，貴社の場合も，新しく営業所を設けたときは，その営業所が1の事業所として取り扱われるものであるか否かによってその手続を異にします。

そのため，まず，その新設営業所が１の事業として取り扱われるべきものであるか否かを判断することが必要です。

　１の事業所であるか否かの判断の基準は，次のようなものです。

　(1)　場所的に他の（主たる）事業所から独立していること。
　(2)　経営（または業務）単位としてある程度の独立性を有すること。すなわち，人事，経理，経営（または業務）上の指揮監督，労働の態様においてある程度の独立性を有すること。
　(3)　一定期間継続し，施設としての持続性を有すること。

　以上のすべてに該当する場合はもちろんですが，すべての条件を満たさない場合でも他の社会保険の取扱い，労働者名簿および賃金台帳などの備付状況などにより１の事業所として取り扱われる場合もあります。

　そこで，貴社の場合，新設営業所が，この基準に照らして事業所であるか否かを判断し，事業所と認められるものであれば，次の届出をします。

　雇用保険適用事業所設置届を，新営業所の設置の日の翌日から10日以内に，その営業所の所在地を管轄する公共職業安定所に提出します。新規に雇用した被保険者となるべき労働者があるときはその者についての雇用保険被保険者資格取得届を，本社，他の営業所などの事業所から新営業所に転勤する被保険者があるときはその者についての雇用保険被保険者転勤届を転勤後の新営業所の所在地を管轄する公共職業安定所に提出してください。手続を行う際には，事業所の実在，事業の種類，事業所開始年月日，事業経営の状況，他の社会保険の加入状況，労働の実態，賃金の支払の状況が確認できる書類を添付しなければならないことになっています。

　また事業所の判断基準に照らして新営業所の規模が小さい場合など事業所と認められるかどうか疑問がある場合であって，他の事業所でその営業所にかかわる雇用保険事務をあわせて処理したいときは，事業所の所在地を管轄する公共職業安定所に事業所非該当承認申請書を提出してください。これが承認されると，新営業所は１の事業所として取り扱われないこととなり，前記の諸届出は必要ありません。ただし，新営業所に新規に雇用した被保険者となるべき労働者があるときは，雇用保険の適用事業である本社，営業所等に所属するものとして雇用保険被保険者資格取得届を提出する必要があります。

116　第2編　雇用保険法〔Q59〕〔Q60〕〔Q61〕

　また，新営業所に転勤する被保険者がいる場合，その異動に伴ってその被保険者の所属する適用事業所が変更になるときは，転勤の届出が必要です。

Q60 雇用保険の手続は，電子申請でなければ受け付けてもらえないのか？

　　当方，雇用保険の適用事業所ですが，2020年4月から雇用保険に関する手続が電子申請でなければならないと聞きました。本当ですか。目下，手続できるような社員もいません。

A　政府は，行政手続コスト削減のため，電子申請の利用促進を図っており，その取組みの一環として「特定法人の事業所」については，社会保険・労働保険の一部の手続について，2020年4月より電子申請が義務になりました。

　その「特定法人」とは，下記の①～④のいずれかに該当する法人です。

① 資本金額，出資金額若しくは銀行等保有株式取得機構がその会員から銀行等の株式等の保有の制限等に関する法律第41条第1項および第3項の規定により納付された同条第1項の当初拠出金額および同条第3項の売却時拠出金額の合計額が1億円を超える法人

② 保険業法第2条第5項に規定する相互会社

③ 投資信託及び投資法人に関する法律第2条第12項に規定する投資法人

④ 資産の流動化に関する法律第2条第3項に規定する特定目的会社

　（注）　2020年4月以降の各法人の事業年度開始日以降から義務になる。

　「特定法人」に該当するか否かの判断は，適用事業所ごとではなく，法人単位で判断します。資本金の額等については，「事業年度の開始時」で判断します。したがって，年度の途中で資本金の額等に変更があっても，その年度中は変更ありません。

　なお，電気通信回線の故障や災害等の理由により，電子申請が困難と認めら

れる場合は，電子申請によらない方法による届出が可能です。その場合は，担当役所にその旨を申し出ることになっています。

電子申請が義務になる対象手続については，下記のとおりです。

① 被保険者資格取得届

② 被保険者資格喪失届（離職証明書を含む）

③ 被保険者転勤届

④ 高年齢雇用継続給付受給確認・支給申請（被保険者60歳到達時等賃金証明書を含む）

⑤ 育児休業給付受給確認・支給申請（休業開始時賃金月額証明書を含む）

Q61 従業員4人以下の自営業でも雇用保険の加入は義務か？

当方は，生菓子等の製造を行っくいる自営業者です。現在，従業員が4人おります。これまで，雇用保険には従業員の希望もなく加入しておりませんでした。従業員の数が5人未満であっても，強制的に雇用保険に加入しなければならないのでしょうか。

A 農林水産の事業で，常時5人未満の労働者を使用する個人経営のもの（暫定任意適用事業）を除き，労働者を1人でも使用している事業は当然適用事業（事業主の意思にかかわりなく法律上加入の義務がある事業）になり，雇用保険と労災保険に加入しなければなりません（雇保法5条，労災保険法3条）。

貴方の行っている事業は生菓子等の製造業ですから農林水産の事業ではなく，従業員を1人でも使用していれば，強制適用になります。

そして当然適用事業にあっては，その事業が開始された日または当然適用に該当するに至った日の翌日から10日以内に「保険関係成立届」「雇用保険適用

事業所設置届」等を，労働基準監督署または公共職業安定所に提出し，「概算保険料申告書」によって概算保険料を50日以内に納めなければなりません。また，雇用保険については，「事業所設置届」のほかに，「雇用保険被保険者資格取得届」を資格取得の事実のあった日の属する月の翌月10日までに提出しなければなりません。

なお，他の法律で保護を受けられる等の理由で，次のものは雇用保険の適用が除外されています。

(1)　1週間の所定労働時間が20時間未満である者（日雇労働被保険者に該当する者は除く）

(2)　同一の事業主の適用事業に継続して31日以上雇用されることが見込まれない者（前2月の各月において18日以上同一の事業主の適用事業に雇用された者および日雇労働被保険者に該当する者を除く）

(3)　季節的に雇用される者で，4カ月以内の期間を定めて雇用される者，または1週間の所定労働時間が20時間以上であって厚生労働大臣の定める時間数（現在30時間）未満の者

(4)　学校教育法第1条に規定する学校，同法第124条に規定する専修学校，同法第134条第1項に規定する各種学校の学生または生徒で一定の者

(5)　船員法第1条に規定する船員で，漁船に乗り組むため雇用される一定の者

(6)　国，都道府県，市町村その他これらに準ずるものの事業に雇用される者のうち一定の者

Q62　関連会社に出向させる場合の手続は？

　当社では，このほど関連会社に従業員を出向させることになりました。出向のような場合の雇用保険の事務手続はどのようになっていますか。説明してください。

事業主が他の会社への勤務を命ずる場合，通常，"出向"と呼ばれますが，およそ次の2つのタイプが考えられます。
(1) 出向元の会社との雇用関係を維持したまま（たとえば，休職扱い），他の会社において勤務を命ずるもの（いわゆる在籍出向といわれるもの）
(2) 出向元の会社との雇用関係を解消させたうえで，他の会社に雇い入れさせるもの

このうち(1)の在籍出向のタイプのものが，各会社で多くみられる出向であり，雇用保険の取扱いで注意しなければならないタイプとなっています。といいますのは在籍出向の場合，出向元の会社と出向先の会社との両方に雇用関係が生ずることになりますが，雇用保険の被保険者の資格は，1人の労働者について同時に2以上の雇用関係が存続する場合でも，そのうち1の雇用関係についてのみ認められることになっています。在籍出向の場合には，いずれの雇用関係について被保険者の資格が認められるのか，もし出向先の会社との雇用関係について被保険者の資格が認められるときは，出向に際してどのような手続が必要であるかの問題が生ずることになるわけです。

そこで，前述の出向のタイプのうち，(1)のタイプについて述べますと前述のように，1人の労働者についての出向元の会社と出向先の会社との間に，それぞれ雇用関係が生じることになります。この場合，雇用保険では，その者が生計を維持するために必要な主要な賃金を受ける1つの雇用関係についてのみ被保険者の資格を認めることを原則としています。したがって，いずれの雇用関係について被保険者の資格が認められるかは，どちらの会社がその出向を命じたか，従業員の賃金の主たる部分をどちらの会社が負担しているかによって決定されます。

次に，出向に伴う雇用保険の事務手続についてですが，出向後も出向元の会社との雇用関係について被保険者の資格が認められるときには雇用保険に関する手続は何も必要としません。

出向先の会社との雇用関係について被保険者の資格が認められるときには，次のような手続が必要となります。

（ア）　出向元の会社における手続

出向先の会社との雇用関係について被保険者の資格が認められることになりますから，出向元の会社においては，出向によって被保険者の資格を喪失したということになります。したがって，雇用保険被保険者資格喪失届を管轄公共職業安定所に届け出なければなりません。この場合における資格喪失届における資格喪失区分は，「1」の離職以外の事由として取り扱われます。離職ではありませんので，「離職証明書」を作成する必要はありません。

また，出向者が出向先の会社から再び出向元の会社に復帰した場合には，雇用保険被保険者資格取得届を提出することになります。

（イ）　出向先の会社における手続

出向先の会社との雇用関係に基づいて被保険者の資格を取得することになりますので出向先の会社では，雇用保険被保険者資格取得届を管轄公共職業安定所に届け出なければなりません。

また，出向者が再び出向元の企業に復帰する場合には，出向先の企業との雇用関係に基づく被保険者の資格を喪失することになりますので，資格喪失届を管轄公共職業安定所に届け出なければなりません。

Q63　2月以上日雇労働被保険者を雇用した場合の一般被保険者への切替え手続は？

当社は，今般，団地の建設に伴う作業の一部を請け負うこととなり，日雇労働者を若干名雇用することとなりました。

ついては，日雇労働被保険者が一定期間同一事業主に雇用された場合の一般被保険者に切り替える制度についてお伺いします。とくに，日雇労働被保険者として継続する途について教えてください。

① 適用関係　121

Ⓐ　雇用保険においては，日雇労働被保険者は連続する2暦月の各月に18日以上同一事業主に雇用された場合または同一の事業主の適用事業に継続して31日以上雇用された場合は，原則として一般の被保険者に切り替えられます。日雇労働被保険者を一般の被保険者に切り替える制度の設けられている趣旨は日雇契約で就労している者についても，長期間同一事業主に雇用されている者もあり，これらの者については単に契約が日々更新されているという点を除いては就労の実態は，常用労働者のそれと全く変わらないことにかんがみ，このような日雇労働者には，一般の被保険者の取扱いをすることにより，その実態に即した雇用保険による保護を与えようとするものです。

　しかしながら，日雇労働被保険者の中には日雇の実態が強く，たとえ切替えの要件に該当する場合であっても，それは例外的であり，その事業主の下に固定して就労するものでない者があります。これらの者については，一般の被保険者にすることは困難であり，切替えの制度の趣旨にもかえって反する結果となります。

　このように同一事業主に継続して雇用されないような就労実態にある日雇労働被保険者がたまたま切替えの要件に該当した場合でも，公共職業安定所長の認可を受けて，継続して日雇労働被保険者としての取扱いを受けることができます。認可申請は，日雇労働被保険者の住所または居所の管轄公共職業安定所長または切替えの要件に該当するに至る事業所の所在地を管轄する公共職業安定所長に「日雇労働被保険者資格継続認可申請書」を日雇労働被保険者手帳に添えて提出しなければなりません。

　この申請は，日雇労働被保険者本人がするのが原則ですが，事業主が申請書を取りまとめて提出することでも差し支えありません。

　公共職業安定所長は，申請書の提出を受けますと認可をすべきか否かを決定し，認可するときは，提出された被保険者手帳にその旨を表示してこれを返付し，認可しない旨を決定したときはその旨を通知します。認可すべきか否かは，切替えの趣旨からいって，当該日雇労働者が2以上の事業主の下を頻繁に異動するか否かなどをみて決定されます。

　公共職業安定所長は，認可の申請を受けたときは，すみやかに事実を調査して迅速に認可すべきか否かを決定しますが，この場合，労働者または事業主が

協力しませんと円滑な処理ができませんのでそうした配慮が必要です。

なお，継続して日雇労働被保険者になるのではなく，一般被保険者に切り替える場合は，２暦月が経過した月の初日に被保険者資格を取得することになり，貴社にて被保険者資格取得届の手続を行うことになります。

Q64 60歳定年到達者を再雇用した場合，被保険者資格はどうなるのか？

今般，当社では勤続10年以上の職員が定年によって退職し，そのうち数名はその離職の日の翌日から顧問として再雇用されました。

再雇用された職員は雇用期間に空白がないので，雇用保険の被保険者の資格の得喪の届出を行わず，引き続き被保険者としておいてよろしいでしょうか。

Ⓐ 雇用保険においては，原則として労働者は雇用保険の適用事業に雇用されたときに被保険者となり，離職等の翌日に被保険者でなくなります。適用事業の事業主は被保険者となったことについてはその事実のあった日の属する月の翌月10日までに雇用保険被保険者資格取得届を，また被保険者でなくなったことについてはその事実のあった日の翌日から起算して10日以内に雇用保険被保険者資格喪失届を管轄公共職業安定所に提出しなければなりません。

ご質問の定年によって退職し，その離職の日の翌日に再雇用された職員については，雇用保険法でいう「離職」した後再雇用されたものであるか否か，すなわち，前述の雇用保険の被保険者の資格の得喪の手続を要する事例であるか否かが問題となります。

定年により退職した者の再雇用の実態は，通常，期間の定めのない常用労働者について一定の年齢に達したときは，退職すべきものであることを労働協約ないしは就業規則により規定し，これに基づいて雇用関係を終了させるものです。

　　　　　　　　　　　　　　　　　　　　　　　　　　　　　　　　　　１ 適用関係　　123

　ところで，雇用保険法でいう「離職」とは，被保険者について，事業主との
雇用関係が終了することをいいます（雇保法４条２項）。しかし，その職員が定
年により退職した際に，退職金などの支給がなされた場合であっても，雇用期
間に空白がなく，その実質が単に身分の切替えにすぎないものであるときは，
「離職」があったものとして取り扱わないこととしています。すなわち，職員
が離職した後１日の空白もなく再雇用された場合は，退職金の支払の有無また
は労働条件，勤務先などの変更の有無に関係なく，その職員の雇用関係は存続
することとして取り扱います。したがって，被保険者の資格の取得・喪失の届
出の提出は不要であり，引き続き被保険者としておいて差し支えありません。
　なお，60歳に達した職員については，その者が高年齢雇用継続給付金の支給
対象になりえますので，注意してください。
　したがって，ご質問のうち，離職した翌日から再雇用された職員については，
前述の雇用関係が存続するものと考えられますので，雇用保険の被保険者の資
格の取得または喪失の届出を行う必要はなく，引き続き雇用保険の一般の被保
険者としておいて差し支えありません。
　また，65歳の定年に達し，離職した翌日から再雇用された職員については，
被保険者の資格の得喪の手続を要することなく雇用保険の高年齢被保険者とな
ります。
　職員が再雇用されたことにより同一事業主の他の事業所へ転勤した場合には，
雇用保険被保険者転勤届を提出しなければならないことはもちろんです。

Q65　65歳以降の被保険者への給付は？　保険料等は？

　　最近，雇用保険法が改正され，新たに65歳以降に雇用された場合
も雇用保険に加入できると聞きました。手続や給付内容，雇用保険
料等について教えてください。

124　第2編　雇用保険法〔Q65〕〔Q66〕〔Q67〕〔Q68〕

Ⓐ　　雇用保険法が改正され，平成29年1月から65歳以降に新たに雇用され
た人も加入することになりました。もちろん，65歳前から引き続いて65
歳以降も雇用されている人は今までどおり被保険者であることに変わりありま
せん。雇用保険法改正により65歳以降の被保険者は，「高年齢被保険者」と呼
ばれます。なお，65歳になったときの被保険者資格についての手続ですが，65
歳前から引き続いて雇用されている場合は手続は不要です。65歳以降で新たに
雇用された場合は，もちろん被保険者資格取得届が必要です。

　　雇用保険からの給付ですが，失業した場合（働く意思と働ける能力（環境）
にあることが必要です）には，今まで同様の一時金が受けられます。受けられ
る額も加入期間が1年以上であれば，基本手当日額相当額の50日分，1年未満
であれば30日分で，今までと同じです。離職後再就職して，再度失業した場合
には，要件が該当すれば，再度高齢者の一時金が受けられます。

　　給付ですが，これまでは65歳以降（高年齢被保険者）は，育児休業給付も介
護休業給付も教育訓練給付も受給できませんでしたが，それぞれの給付の条件
に該当すれば受けられるようになりました。

　　雇用保険料については，令和2年4月1日から他の被保険者と同じになりま
した。

Q66　在日外国人は，雇用保険に加入できるのか？　外国人技能実習生も加入できるのか？

　　当社では，外国人を数人雇用しています。今後も増加が見込まれ
ます。そこで，外国人が雇用保険に加入できるのか否か，教えてく
ださい。

Ⓐ　　基本的には日本人と同じ条件です。国籍による違いはありません。原
則として，1週間の所定労働時間が20時間以上で，かつ，31日以上雇用
見込みがあれば，雇用保険の被保険者になります。ただし，外国公務員および

外国の失業補償制度の適用を受けることが立証された人は加入できません。

　次に，最近いろいろな点で問題になる「外国人技能実習生」が加入するのか否かについてです。技能実習生は，わが国の産業職業上の技術・技能・知識を習得し母国の経済発展と産業育成の担い手となるよう日本の民間企業等に技能実習生として受け入れられ，技能等の習得をする活動を行う場合，受け入れ先の事業主と雇用関係にあるので，加入することになります。ただし，入国当初に行う講習（座学等）が行われる間には，受け入れ先の事業主との雇用契約に基づかないので，加入できません。

Q67　ワーキングホリデー制度によるアルバイターは，被保険者になれるのか

　当社は，飲食業を営んでおります。近年，人手不足のためワーキングホリデービザで留学している学生を，アルバイトとして雇っています。彼らを雇用保険に加入させなければならないでしょうか？

Ⓐ　主として休暇を過ごすことを目的として入国し，その休暇の付随的な活動として旅行資金を補うための就労が認められるものであることから，被保険者となりません。

Q68　在宅勤務者は，雇用保険に加入できるのか？

　ＩＴ技術の発展により，近年テレワークも一般的になりつつあります。そこで，在宅勤務者の場合，雇用保険に加入できるのか否か，教えてください。

126　第2編　雇用保険法〔Q68〕〔Q69〕

A　在宅勤務者とは，労働日の全部または大部分について事業所への出勤を免除され，かつ，自宅等において勤務することを常とする人をいいますが，基本的に事業所勤務者との同一性が確認できるのであれば被保険者になり得ます。

　この同一性とは，事業所勤務者と同一の就業規則等の諸規定（労働条件，福利厚生が他の労働者とおおむね同等以上であるもの）が適用される場合をいいます。なお，同一性の判断にあたっては，次の点に留意して総合的に判断されます。

　① 指揮監督系統の明確性
　② 拘束時間等の明確性
　　＊労働日・休日が就業規則，勤務計画表等によりあらかじめ特定されていること
　　＊始業・終業時刻，休憩時間等が就業規則等により明示されていること
　③ 勤務管理の明確性
　　＊実際の勤務時間等の勤務実績が，事業主に把握されていること
　④ 請負・委任的色彩がないこと等

労災保険における労働者性と内容は同じですからQ17を参照してください。

Q69　取締役総務部長は被保険者になれるのか？

　先般の株主総会において，総務部長が取締役に選任されました。今後は，給与は役員報酬のみとなりますが，この場合の雇用保険の資格はどうなるのでしょうか。

　もし，被保険者資格を喪失するのでしたら，従来の保険料はかけ捨てになるように思われますが，このような場合には保険料の還付は認められませんか。

Ⓐ 　雇用保険の被保険者とされるのは，適用事業主に雇用される労働者，すなわち，事業主と雇用関係にある者に限られます。取締役は事業主との関係は委任関係に立つものであって，雇用関係ではありませんから，被保険者となりません。

　しかし，取締役であっても，ご照会の場合のように，支店長，工場長，部長など一般の従業員と同様の地位を兼ねている場合があります。このような場合には取締役としての地位のほかに，従業員としての地位もあわせて有しているので，雇用保険では，報酬支払，勤務形態などの面からみて，労働者的性格が強いと判断されたときのみ，被保険者として取り扱うこととしております。

　ご質問の事例には役員報酬のみが支払われるとのことであり，労働の対償として支払われたものとは認められませんので，雇用保険法上の労働者とは認められません。

　次に，このような場合には，すでに納付した保険料の還付が認められるかというご質問ですが，取締役に就任するまでの間は総務部長として，つまり労働者として適法に雇用保険の適用を受けていたのですから，従来の保険料の還付は認められません。被保険者資格喪失原因は，取締役への就任により「離職以外の理由」として取り扱われます。しかし，当該被保険者資格喪失日以後（取締役に就任後）1年以内に雇用保険法上の失業状態になった場合には，雇用保険の保険給付を受ける資格を有するものであり，また前述の1年以内に他の雇用保険の適用事業主に雇用され被保険者となった場合には被保険者であった期間が通算され，保険料は必ずしもかけ捨てとなるものではありません。

　なお，取締役兼○○部長のように，役員でも労働者性があり，役員報酬と賃金との区別ができている場合には，労働者性の部分（賃金）で被保険者になり得ます。保険料については，賃金の部分で算定することになります。

128 第2編 雇用保険法〔Q70〕〔Q71〕

Q70 被保険者証を重複して交付を受けた場合の処理は？

　当社では，このほど労働者を新しく採用しましたので，いままでに雇用保険被保険者になったことがあるか否か，本人に確かめました。そのときの話では，「そんなものは知らない」ということでしたので雇用保険の適用事業所に勤めたことがないものと判断して，資格取得の届出をし，雇用保険被保険者証の交付を受けました。

　ところが，この被保険者証を本人に渡したところ，「これなら同じようなものを持っている」ということで本人がすでに被保険者証の交付を受けていることが判明しました。何とも，うかつな話ですが，このように被保険者証をダブッて持っていては本人に不利になると思いますので手続をしてやりたいのですがどう処理すればいいのでしょうか。

Ⓐ　ご承知のように，「被保険者であった期間」は一定の要件のもと通算されていますが，雇用保険被保険者証は，この通算を行ううえで重要な意味を持っています。というのは，期間の通算は，被保険者としての経歴を，その被保険者の所有する被保険者証に記載された被保険者番号を鍵にしてコンピューターに記録，整理することによって行われているからです。

　被保険者番号は，その者が最初に被保険者となって資格取得届を提出したときに付与され，その被保険者に対しては，その被保険者番号を記載した被保険者証が交付されます。被保険者番号は原則として終身のものであり，被保険者証も被保険者1人に1枚のものです。

　ご質問のように，被保険者証を2枚以上持つことになった場合には，その者は2以上の被保険者番号を持つこととなり，その者の被保険者としての経歴は，その2以上の被保険者番号ごとに別々に記録されることとなります。

　したがって，その者は被保険者の期間の通算の利益を受けることができないこととなり，不利な取扱いを受けることとなります。2以上の被保険者証を持つこととなった場合には，すみやかに公共職業安定所に，その交付を受け所持

1 適用関係　129

しているすべての被保険者証を提出し，その旨説明してください。

　公共職業安定所では，それらを調べたうえで，原則として，最後に交付を受けた被保険者証（被保険者番号）を有効なものとし，統一する処理をします。

　このように，複数の被保険者証の交付を受けることは，その者の不利益となるだけでなく，いたずらに事務手続をふやすばかりです。事業主は，被保険者を雇用し，資格取得届を提出するときには，必ず本人に被保険者証の交付を受けたことがあるか否かをよく確認してください。

Q71 資格取得者の届出が遅れた場合，被保険者資格取得日はいつになるのか？

　私は，ある食料品商に，平成22年7月1日より勤めております。

　先日，私の資格取得届の提出がもれていることがわかり，平成30年4月10日に届出，確認を受けましたところ，2年前の日を資格取得日とされました。本来なら7年を超える期間があるのに，このままでは被保険者であったはずの4年を超える期間が無視されることになります。これは仕方のないことなのでしょうか。

Ⓐ　雇用保険では，被保険者の資格を取得する日は，資格の取得の事由が発生した日（一般的には雇用された日）であるとされていますが，資格取得の効力は，その事由が発生したことによって当然に生ずるものではなく，厚生労働大臣（実際には公共職業安定所長に委任されています）が確認してはじめて生ずるものです。

　この確認は，事業主からの届出，すなわち「被保険者資格取得届」に基づいて行われるのが普通で，被保険者の資格の取得の事実のあった日の属する月の翌月10日までに提出することに定められております。また，事業主が届出を怠っている場合などには，労働者はいつでも確認の請求をすることができることになっています。何かの理由で届出などが遅れた場合には，前に述べたよう

に，公共職業安定所は資格の取得の日を遡及して確認することになりますが，その場合にも資格取得の事実のあった日を資格取得の日とすることが原則です。

しかしながら，確認された被保険者の資格の取得の日が，確認があった日の2年前の日より前であるときは，確認のあった日の2年前の日より前の期間は，被保険者であった期間に算入しないことになっています。いいかえれば，届出等によって，確認のあった日の2年前の日より前から，資格があったことを確認されたとしても，被保険者であった期間としては，2年間しか認められないのです。そして，その2年前の日が，被保険者資格の取得の日とみなされることとなっています。なお，2年間とされたのは，確認のあった日の2年前の日より前の期間については，時効により保険料を徴収しえないことになっていることとの均衡を考慮したものです。

しかし，事業主が本人負担分の雇用保険料を給与から控除していた場合と，控除もせず届出もしていなかった場合とでは不公平が生じます。そこで，法律が改正され，平成22年10月からは，本人負担分の雇用保険料が給与から控除されていたことが明らかで，被保険者資格取得届も提出されていないことを知らなかった場合は，給与から控除されていたことが確認できる時期のうち最も古い日まで被保険者資格取得日を遡ることができるようになりました。この手続に当たっては，雇用保険料が控除されていたことが確認できる書類（給与明細，賃金台帳又は所得税源泉徴収票）を添付することになっています。

ご質問の貴方の場合，雇用保険料が給与から控除されていたか否かが不明ですので，被保険者資格取得日を約6年前まで遡れるか否かわかりませんが，雇用保険料が給与から控除されていた給与明細などがあれば，被保険者資格取得日を約6年前まで遡ることが可能です。

② 保 険 給 付

Q72 労働者を解雇したとき事業主が行う手続は？

　当社は，一昨年の春に大手電機メーカーの下請けとして各種電機部品を製造するため設立され，同時に雇用保険その他の社会保険に加入いたしました。

　その後，順調に経営してまいりましたが，不況の影響を受け，今般，やむを得ず若干の者を解雇せざるを得なくなりました。なにしろ雇用保険に加入以来はじめて退職者を出すこととなったため，不案内です。このような場合における事業主として行うべき事務手続はどのようにするのでしょうか。

Ⓐ　被保険者が離職した場合の事業主の行うべき事務手続には，被保険者の資格喪失についての届出と離職証明書の提出があります。とくに，離職証明書は，これに基づいて離職票が作成され，この離職票に基づき離職した者の基本手当受給資格，基本手当日額，所定給付日数等が決定されるという点で雇用保険の給付手続と密接な関係があり，その作成提出に誤りのないよう留意する必要があります。

　まず，資格喪失の届出について説明します。雇用保険の被保険者が離職した場合等には，その事実のあった日の翌日から10日以内に「雇用保険被保険者資格喪失届」を事業所の所在地を管轄する公共職業安定所に提出して，その者の資格喪失について確認を受けなければなりません。

次に，被保険者でなくなった原因が離職によるものであるときは，事業主は原則として資格喪失届に，その者についての雇用保険離職証明書を添付しなければなりません。

離職証明書の用紙は，3枚複写式（上から離職証明書事業主控，離職証明書安定所用，離職票）となっています。資格喪失届を提出する際に，本人から「離職票はいらない」旨の申出（この場合には，その者が離職票の交付を希望しない旨の意思表示として，資格喪失届の⑥欄に「2（無）」を記載します）がない限り，離職証明書を作成して資格喪失届に添えなければならないことになっています。

離職証明書は，離職した者にたとえ受給資格がない場合であっても，作成しなければなりません。また，「離職票はいらない」旨本人から申出があったために作成しなかった場合であっても，後日，本人が離職証明書の交付を請求したときは，いつでも事業主は作成しなければなりません。

被保険者が離職し基本手当の支給を受けるためには，公共職業安定所に出頭し，前述の離職票を提出し求職の申込を行うこととされています。この離職票は，通常は事業主が提出した離職証明書に基づいて安定所が作成したうえ交付されますから，離職証明書の作成にあたっては，公共職業安定所から十分な指導を受けて誤りのないように注意することが必要です。事業主が離職証明書を公共職業安定所に提出する際には，賃金台帳，出勤簿等を携行して，その内容について確認を受けなければなりません。

公共職業安定所では，これらの書類と照合して離職票を作成します。離職票は，離職者に交付されるものですが，事業主が資格喪失届に離職証明書を添えて提出した場合は　事業主を通じて本人に交付することができることになっています。なお，離職証明書の事業主控は4年間手元に保管しておかなければなりませんので注意を要します。

② 保険給付　133

Q73 長期療養後退職した場合，基本手当は受けられるか？

　私は，Ａ社に５年間勤務していました。しかし，交通事故にあい約１年という長期療養をし，なんとか治り出社しましたが，現在の仕事が無理なので退職しました。約１年の療養期間のうち，当初３カ月は欠勤扱い（有給）でしたが，その後８カ月余は休職扱い（無給）とされています。基本手当は受けられないものでしょうか。

Ⓐ　基本手当を受給するには，失業していること，つまり働く意思と能力があり，職業に就くことができない状態にあることは当然のことですが，その前に，原則として離職の日以前２年間に被保険者期間が12カ月以上あることが必要です。このため，８カ月余の間，無給である場合，基本手当が受けられないのではないかというご心配のようですが，あなたのように長期間賃金を受けなかった人には受給要件の緩和が図られています。

　つまり，離職の日以前２年間に，疾病，負傷，事業所の休業，出産，事業主の命令による外国勤務，官民人事交流法（国と民間企業との間の人事交流に関する法律）第２条第４項第２号に該当する交流採用等，上記の理由に準ずる理由で管轄安定所長がやむを得ないと認めるものにより引き続き30日以上賃金の支払を受けることのできなかった被保険者については，離職の日以前２年間に賃金の支払を受けることができなかった日数（あなたの場合は８カ月余）を２年に加え（ただし，最長４年間），その期間内に被保険者期間が12カ月以上あれば，基本手当の受給資格があります。

　したがって，あなたの場合，離職の日以前２年に，無給となって賃金を受けなかった期間８カ月余を加え遡った２年８カ月余の間に被保険者期間が12カ月以上あれば受給資格要件に該当することになります。ですから，交通事故にあわれる前に，通常どおり働き賃金を受けていさえすれば，十分に受給資格があるといえます。

　なお，正当な理由がないにもかかわらず，自己都合によって退職した場合に

134 第2編 雇用保険法〔Q73〕〔Q74〕〔Q75〕

は3カ月の支給制限を受けるのですが，あなたの場合のように交通事故にあったことにより，現在の仕事に適さなくなって退職した場合には，この支給制限を受けることもないと考えます。早速，住所地の公共職業安定所に出頭し，失業の認定を受けるようにされたらよろしいと思います。

　　※「被保険者期間」は，離職日から1カ月ごとに遡って区切り，その区切った期間に賃金支払基礎日数が11以上ある月を被保険者期間1カ月と計算します。

Q74 月給者，日給者等の違いにより被保険者期間の計算方法は違うのか？

　　基本手当の受給資格者となるためには，原則として離職の日以前2年間に被保険者期間が通算して12カ月以上あることが必要とされていますが，月給者，日給者およびその他の場合における被保険者期間の計算方法について説明してください。

Ⓐ　雇用保険法における被保険者期間の計算の仕方は，被保険者であった期間を離職の日から遡って1カ月ごとに区切っていき，このように区切られた1カ月の期間に賃金の支払の基礎となった日数が11日以上であるときは，その月を被保険者期間1カ月とします。被保険者になった日から最初の1カ月ごとの区切られた期間については，暦日数が15日以上あり，かつ，賃金支払基礎日数が11日以上あれば，その期間は2分の1の被保険者期間と計算します。

　この場合，賃金支払の基礎となった日とは，現実に労働した日であることを要しません。たとえば，労働基準法第26条の規定による休業手当が支給された場合にはその休業手当の対象となった日，有給休暇を取得した場合にはその有給休暇の日は，賃金支払の基礎となった日数に算入されます。未払賃金がある場合でも，賃金計算の基礎となる日数が11日以上あれば，その月は被保険者期間に算入されます。

② 保険給付　135

(1) 月給者の賃金支払の基礎となった日数

月給者についての「賃金支払の基礎となった日数」とは，月間全部を拘束する意味の月給制であれば30日（28日，29日，31日）であり，1月中，日曜を除いた期間に対する給与であればその期間の日数となります。月給者が欠勤して給与を差し引かれた場合は，その控除後の賃金に対応する日数が「賃金支払の基礎となった日数」となります。

(2) 日給者等の賃金支払の基礎となった日数

日給者についても「賃金支払の基礎となった日数」には，現実に労働した日でなくてもたとえば休業手当支払の対象となった日，有給休暇を取得した日等が含まれますので，留意する必要があります。

(3) 深夜労働，宿日直を行った場合の賃金支払の基礎となった日数

賃金支払の基礎となった日数の計算は，深夜労働に従事して翌日にわたり，かつ，労働時間で労基法第32条に規定する8時間を超える場合には，これを2日として計算し，たとえ深夜労働を行って翌日にわたっても，労働時間が8時間を超えない場合は，これを1日として計算することとされております。

宿直の場合は，宿直に従事して翌日にわたり，その時間が8時間を超えても2日として計算しないこととされています（業務取扱要領50504）。

> ※　「被保険者期間」の計算については，賃金支払の基礎となる日数が11以上ある場合を基準としていましたが，日数が11に満たなくても80時間以上であれば，計算の基礎に算入することになります（雇用保険法の改正により，令和2年8月施行予定です）。

Q75　公共職業安定所の失業認定日は変更できるか？

私は現在，基本手当を受給中ですが，かねてから友人に依頼しておきました東京都内のある会社から面接選考のための呼び出しがあり，次回の失業の認定日に公共職業安定所に出頭することができなくなりました。この場合，失業の認定日は変更してもらえるでしょうか。

A 　　まず失業の認定の意義について説明します。失業の認定は，受給資格者が真実に失業の状態にあるか否か，労働の意思と能力を有し，かつ就職することができない状態にあるか否かを確かめるために行うものです。すなわち，直前の失業の認定日から失業の認定日の前日までの期間について，その期間中の失業の日を確定させるのです。失業とはいかなる状態をいうのであるかについては雇保法第4条にその定義が規定されています。

　(1)　被保険者が離職したこと
　(2)　労働の意思と能力があること
　(3)　職業に就くことができない状態にあること

　これらのすべての要件を満たしているときに失業の状態にあるとしています。失業の認定は，受給資格者がこれらの要件に該当し，受給資格者が求人者に面接したこと，公共職業安定所・職業紹介事業者等から職業を紹介され，又は職業指導を受けたことその他求職活動を行ったことを確認して行われます。受給資格の決定を受けた者が失業等給付を受けるためには，本人自身が指定された失業の認定日に居住地の管轄公共職業安定所に出頭して失業認定申告書と受給資格者証を提出し，失業の認定を受けなければなりません。

　次にご質問の認定日の変更についてですが，失業の認定は原則として受給資格者についてあらかじめ定められた失業の認定日以外に行えませんが，受給資格者が「職業に就くため」「その他やむを得ない事由」のため所定の認定日に安定所に出頭できない場合には，受給資格者の申出により，公共職業安定所長が認定日を変更することができます。

　この場合の認定日の変更は，次によって行われます。

ア　「職業に就くため」とは，公共職業安定所の紹介による就職のみでなく，自己開拓による就職の場合も含むものです。また，公共職業安定所の紹介によらず直接求人者から面接選考のための呼び出しがあった場合をも含めるものとします。

イ　「その他やむを得ない事由」とは，15日未満の疾病・負傷，公共職業訓練などおよび天災その他の事故の事由ならびに同居の親族の病気看護，国家資格試験を受験する場合および配偶者・3親等内の親族等の死亡など真にやむを得ない事由に限られます。

ウ 認定日の変更の申出は，原則として事前にしなければなりません。ただ
　し変更事由が突然生じた場合であらかじめ申し出ることができなかった場
　合は，次回の所定認定日の前日までに申し出て，認定日の変更の取扱いを
　受けることができることになっています。しかし，次回の次の所定認定日
　以後に変更することはできません。

以上でおわかりのことと思いますが，認定日の変更はできるだけ早く公共職
業安定所に申し出て所定の手続をとるようにしてください。

Q76 未払い賃金，傷病見舞金は，離職証明書に記載するべき賃金なのか？

　賃金支払日に賃金全額を支払うことができず，一部未払いとなっ
ていたところ，退職する者が出てきました。この場合，その者につ
いての離職証明書にはこの一部未払いの額も含めて，所定の支払日
に支払われるべきであった賃金全額を記載するものでしょうか。

　また，当社では，就業規則で傷病により2週間以上欠勤した場合，
一律6,000円の傷病見舞金を支給することを定めていますが，この
見舞金は基本手当の算定の基礎となりますか。労働基準法では，就
業規則などによって，あらかじめ支給条件が明確なものは賃金とさ
れていますが……。

(A) 　基本手当の日額は，被保険者の賃金日額を基準として定められていま
す。この賃金日額は，原則として被保険者期間として計算された最後の
6カ月間に支払われた賃金総額を180で除して得た額です。この支払われた賃
金とは，被保険者として雇用された期間に対するものとして同期間中に事業主
の支払義務が確定した賃金をいいます。したがって，現実に支払われた賃金は
もちろんのこと，被保険者が離職する時点においてすでに債権債務が確定して
いる賃金も当然含まれます。

138　第2編　雇用保険法〔Q76〕〔Q77〕

　ご質問の未払賃金とは「賃金支払日に賃金全額を支払うことができず，一部未払いとなっていたところ」のものですから，すでに所定の支払日を経過しておりながら，離職時までになお支払われていない，つまり債権債務が確定している賃金です。そうであるならば，この一部未払賃金も当然賃金日額の算定基礎に含まれます。

　この場合の離職証明書の記載方法ですが，その一部未払賃金を支払われた賃金と一緒にして，その合計額を⑫賃金額欄に記載するのではなく，未払賃金は⑬備考欄に，未払賃金であることを明記し，その未払額を記載します。しかし，支払日に支払われなかった賃金が，離職前に支払われた場合は，支払われるべきであった賃金月の分に充当して支払われた賃金とし，⑬欄には記載しないことになっています。

　つぎに，傷病見舞金についてですが，雇用保険では結婚祝金，死亡弔慰金，災害見舞金など個人的臨時的吉凶禍福に対して支給されるものは労働協約などによって事業主にその支給が義務づけられていると否とを問わず，恩恵的なものとして，賃金とみなされません。

　労働基準法では，労働者の個人的な吉凶禍福に際して使用者が任意に慶弔見舞金を与えても，これは労働の対償としての賃金とされません。しかし，発生的には恩恵的なものとみられる同じ見舞金であっても，労働協約，就業規則などによって，あらかじめ支給条件が明確なものは，これによって使用者はその支払義務があります。労働者に権利として保障されているわけですから，その見舞金は労働の対償と認められ賃金として保護することが相当であるとされています。労働基準法では，労働者の権利として保護しようという趣旨で，就業規則などによってその支給が事業主に義務づけられている場合，賃金とするものです。

　しかし，賃金であっても，その賃金が基本手当，雇用保険料の算定基礎に入れるかどうかは，雇用保険法上の見地から別に考えなければなりません。

　そこで，雇用保険では，労働協約や就業規則などによって支給条件が明確であり，賃金の範囲に含まれるものであっても，個人的吉凶禍福の際に支給されるもので，しかもその支給事由の発生がきわめて不確定なものは，失業等給付や雇用保険料の算定基礎から除いているわけです。したがって，ご質問の傷病

2 保険給付 139

見舞金は，算定基礎に算入されません。

Q77 定年退職者等は，基本手当の受給期間を延長できるのか？

定年退職者等について，いわゆる失業給付の受給期間の特例があると聞きましたが，具体的な内容について教えてください。

A 60歳以上の定年に達したことによる離職の場合や60歳以上の定年に達した後，勤務延長または再雇用により一定期限まで引き続き被保険者として雇用された場合（定年制に準じた場合），つまり，労働協約，就業規則等により，個人的な契約ではなく制度的に退職の期限が定められている場合において，受給資格者が当該離職後一定の期間求職の申込をしないことを希望する場合において，その旨を公共職業安定所長に申出をすると，基本手当の受給資格に係る離職の日の翌日から起算して1年と，申出期間（1年を限度）を合算した期間が受給期間となります（雇保法20条2項）。

この申出は，「受給期間延長申請書」に離職票を添えて住居所を管轄する公共職業安定所長に離職の日の翌日から起算して2カ月以内にしなければなりません（雇保則31条の3）。

また，求職申込をしない旨申し出た期間内に何らかの都合により求職の申込をすると，離職の日の翌日から求職の申込をした日の前日までの期間を1年に加算した期間がその者の受給期間となります。

140　第2編　雇用保険法〔Q78〕

Q78 雇用保険被保険者資格喪失届の喪失原因欄はどのように書けばよいのか？

　　雇用保険被保険者資格喪失届の⑥「喪失原因」の欄中「1　離職以外の理由，2　3以外の離職，3　事業主の都合による離職」の区分を記載することとなっていますが，どのような事例がこれらの区分に属するのか，これらの区分を記載する必要性など教えてください。

Ⓐ　　　被保険者資格喪失届の「喪失原因」欄は，被保険者がその資格をいかなる原因で喪失したかを記載することにより，的確に被保険者の資格喪失の事実を確認しようとするものですが，そのうち，お尋ねの「区分」欄が設けられているのは，統計等の使用のためです。また，離職の場合には離職理由の違いにより給付制限があったり，所定給付日数が異なったりしますので，その点についても確認することになります。

　資格喪失原因の区分にどのような事例が該当するのか，被保険者資格喪失届の裏面の「記載上の注意」にその原則が示されています。

1　離職以外の理由

　死亡，在籍出向，出向元への復帰，雇用保険法第6条第6号（国家公務員等になった場合など）に該当その他離職以外の理由

2　3以外の離職など

(1)　天災その他やむを得ない理由によって事業の継続が不可能になったことによる解雇

(2)　被保険者の責めに帰すべき重大な理由による解雇

(3)　3年以内の確定期限のある労働契約期間の満了

　労働契約が反復更新されることを常態としているものとは解されない場合において，当該労働契約期間満了に伴い離職するものは，期間満了として扱われます。

　一方，契約を反復更新することを常態として雇用されている場合（契

約期間の定めのある労働契約が1回以上反復更新され，雇用された時点から継続して3年以上雇用された場合をいう）における当該契約期間満了に伴い離職する場合については，その契約の更新を打ち切る時期が予め明らかにされている場合（契約更新時に当該契約が最後の契約更新であることを明らかにされている場合をいう）には，契約期間の満了として取り扱うが，それ以外の場合は契約期間満了以外として取り扱い，離職時の事情に応じて，事業主の都合により契約が更新されない場合は事業主都合による解雇，離職者の都合により更新されない場合は任意退職に分類されます。

(4)　任意退職（定年退職に準ずるもの，ただし，事業主の勧奨等によるものを除く）

(5)　(1)から(4)まで以外の事業主の都合によらない離職
　　（例：定年，取締役等就任，1週間の所定労働時間が20時間未満になった場合など）

※　定年到達後1年更新等期間の定めのある労働契約の更新により再雇用されている者が，その期間満了で離職する場合であって，労働契約，就業規則，雇用慣行等により定年到達後の再雇用期間について明示的な定め又は慣行がある場合は定年退職として取り扱われます。離職時期が定められた期間満了前である時は，離職時の事情に応じて，事業主の都合による解雇，任意退職等に分類されます。

(6)　移籍出向（退職金またはこれに準じた一時金の支給が行われたもの）

3　事業主の都合による解雇，事業主の勧奨等による任意退職
　　（企業整備による人員整理等のため，事業主が希望退職を募り，被保険者がこれに応じた場合の一定のもの，事業主のいやがらせその他の強制による退職，社会通念上妥当性を欠く定年制等により離職，社会通念上著しく妥当性を欠く理由をもって解雇または当然退職とする就業規則等の規定による解雇または退職等）

「区分」欄の1～3の数字により給付の内容が異なることにもなり得ますので，間違いのないよう記入しましょう。

142 第2編 雇用保険法〔Q79〕〔Q80〕

Q79 契約期間6カ月の季節的雇用者は，期間満了後失業等給付が受けられるのか？

　当社では，ここ2～3年来東北方面から季節労働者を募集して，11月頃から翌年4月頃までの約6カ月間雇用しております。彼らの大部分は，帰郷後特例一時金をもらうためにと離職票を請求してきますが，こうした季節的に雇用される労働者の雇用保険について教えてください。

Ⓐ　4カ月を超える期間を定めて季節的に雇用される労働者に対しては，短期雇用特例被保険者として，基本手当日額の40日分の特例一時金が支給されます。短期雇用特例被保険者に該当するか否かは，被保険者資格取得届を受理した公共職業安定所長が判断して，事業主宛て確認通知書で通知することになっています。

　特例一時金の受給資格は，原則として，離職日以前1年間に，短期雇用特例被保険者が資格取得日の属する月の初日から資格喪失日の属する月の末日（暦月）までに被保険者期間が6カ月以上（賃金支払基礎日数が11日以上ある月を1カ月として計算する）あることです。その受給期限は，離職の日の翌日から6カ月間になっています。

　なお，特例受給資格者は，原則としてその居住地を管轄する公共職業安定所長に求職の申込をして所定の手続によって失業の認定を受け（特例受給資格者失業認定申告書の提出），特例一時金が支給されます。特例一時金の額は，算定された基本手当日額の40日分ですが，失業の認定があった日から，離職の日の翌日から起算して6カ月以内の受給期限の日までの日数が40日未満のときは，その日数分しか支給されません。

② 保険給付　143

Q80 70歳で退職した者は失業等給付が受けられるのか？給付制限はあるのか？

　私は昨年12月に70歳を迎え，今年の1月に，いわゆる会社からの肩たたきにより離職しましたが，再就職するまでの間求職者給付を受給したいと思っています。

　ところで，高年齢の者には，基本手当は支給されないと聞いておりますが，事実ですか。また，離職理由は依願免となっていますが，いわゆる肩たたきの場合は，離職理由に基づく給付制限はあるのですか。

Ⓐ　平成29年1月1日の雇用保険法改正により，65歳以上の被保険者であって，特例被保険者と日雇労働被保険者以外の被保険者を「高年齢被保険者」と呼ぶようになりました。つまり，65歳になる前日から引き続いて同一の事業主に雇用されている人も，65歳以降に新たに雇用された人も，「高年齢被保険者」となることになりました。離職した場合は，高年齢求職者給付金である一時金が受けられます。

　支給要件は，原則として退職日以前1年間に被保険者期間が6月以上あることです。被保険者期間の計算の仕方については，基本手当と同様です（Q74参照）。支給日数は次の表のとおり被保険者であった期間（算定基礎期間）に応じ一時金として支給されます。

　高年齢求職者給付金を受給するには，離職の日の翌日から1年以内に居住地の管轄公共職業安定所へ出頭し，求職の申込をして失業の認定を受けなければなりません。高年齢求職者給付金は，基本手当とは異なりますので，失業の認定日に失業の状態にあれば受けられます。翌日から就職したとしても返還の必要はありません。

　給付金は，雇用保険への加入期間の長さにより異なり，下記のとおりです。

算定基礎期間	1 年 以 上	1 年 未 満
給 付 日 数	50日	30日

雇用保険における失業の意義については，雇保法第4条第3項に，「『失業』とは，被保険者が離職し，労働の意思及び能力を有するにもかかわらず，職業に就くことができない状態にあることをいう」と規定されており，ここでいう労働の意思とは，自己の労働力を提供して就職しようとする積極的な意思をいうのであって，無条件な労働の意思ではなく，自己の労働力にふさわしい一定の労働条件のもとに労働しようとする意思ですから，直ちに引退を希望する場合は，労働の意思なしと判断され，受給することはできません。また，労働の能力とは，労働に従事し，その対価を得て自己の生活に資し得る精神的，肉体的ならびに環境上の能力をいいます。

失業の状態にあるか否かは，公共職業安定所が個々人の具体的な状況について職業相談の面接過程などを通して判断いたします。

離職理由が依願免となっていれば自己都合による離職ですから，3カ月間の給付制限となりますが，いわゆる肩たたきの場合は，事業主の都合による離職であって給付制限はありません。ただし，受給期間の延長制度はありません。また，老齢厚生年金との支給調整もありません。

Q81 基本手当を受給するためにはどのような手続が必要か？

私は，公共職業安定所に出頭し求職の申込をすると同時に離職票を提出し基本手当の請求をしました。受給資格の決定はされましたが，基本手当の支給はありませんでした。なぜでしょうか。

また4週間に1回，定められた日に安定所に出頭するよう指示され，この日に出頭しなければ基本手当は支給されない旨の説明がありましたがよく意味がわかりません。また，やむを得ない事由で出頭できないときは，どうしたらよろしいでしょうか。

Ⓐ　受給資格を有する者が実際に基本手当の支給を受けるにあたって，最初の7日間は「待期」といい，受けることができません。この「待期」について初めに説明します。「待期」は，雇保法第21条に「基本手当は，受給資格者が当該基本手当の受給資格に係る離職後最初に公共職業安定所に求職の申込みをした日以後において，失業している日（疾病又は負傷のため職業に就くことができない日を含む。）が通算して7日に満たない間は，支給しない」と規定されており，受給資格者は，一定期間失業の状態にあることが確認された後，はじめて基本手当の支給が受けられることとなります。すなわち，基本手当は受給資格者に対して離職後ただちに支給されるわけではなく，離職後安定所に出頭し求職の申込を行って後，失業の期間が7日間経過するまでは支給されないこととなっています。この制度は，受給資格者が失業の状態にあることを確認することと，給付の濫用を防ぐために設けられたものです。なお待期は，1受給期間に1回をもって足り，受給期間内に就職して再び失業した場合には，最初の離職後においてすでに待期を満了している者については再び要求されません。

　次に，失業の認定について説明します。

　受給資格の決定を受けた者が基本手当を受けるためには，本人自身が指定された失業の認定日に居住地の管轄公共職業安定所に出頭して失業認定申告書に受給資格者証を添えて提出し，失業の認定を受けなければなりません。

　失業の認定は，求職の申込をした日以後4週間に1回ずつ行うのが原則ですが，ここでいう失業の認定とは，公共職業安定所が受給資格の決定を行った者について前回の認定日から今回の認定日の前日までの期間について，失業していたかどうかを確かめることをいいます。この失業の認定は，失業の認定を受けるために出頭すべき日，すなわち，指定された失業の認定日に行われます。このようにして，失業の認定が行われた期間に限って基本手当が支給され，失業の認定を受けない日については，基本手当は絶対に支給されません。

　やむを得ない事由のため，定められた失業の認定日に安定所に出頭できない者については，それが次の事由によるものであるときは，その事由を記載した証明書を提出することによって失業の認定を受けることができます。

(1)　疾病または負傷のために公共職業安定所に出頭できない場合において，

その期間が継続して15日未満であるとき

(2) 公共職業安定所の紹介に応じて求人者に面接するために公共職業安定所に出頭することができないとき

(3) 公共職業安定所の指示した公共職業訓練を受けるために公共職業安定所に出頭することができないとき

(4) 天災その他避けることのできない事故のために公共職業安定所に出頭することができないとき

また，この証明書による失業の認定のほかに，受給資格者が職業に就くため，その他やむを得ない事由のため認定日に公共職業安定所へ出頭できない場合には，受給資格者の申出により，公共職業安定所長が認定日を変更することができます。

Q82 A社退職後B社に勤務し，解雇された者の基本手当は何日分か？

私はA社に20年間勤務し，定年退職しました。しかし，数カ月後，幸いに知人の会社（B社）に再就職することができましたが，経営の不振によりB社も解雇されることになりました。

B社に勤務した期間は7カ月ですが，B社の事務担当者の話によると私の場合はB社の被保険者期間が7カ月なので基本手当が支給される基準となる期間はB社で交付された離職票に基づいて決定されるということです。

もしそうだとすると，A社で20年勤務した雇用保険の被保険者であった期間はどうなるのでしょうか，保険料はかけ捨てになり，基本手当のもらえる日数も非常に短いものになってしまうような気がするのですが……。これに関連して雇用保険法の制度についても説明してください。

はじめに，受給資格者が基本手当を受けることができる日数の計算の仕方について説明します。

　受給資格者が受給期間中に基本手当を受けることができる日数は，所定給付日数といわれ離職の日以前における通算した被保険者であった期間（算定基礎期間といいます）により決定され，受給資格を決定する被保険者期間とは必ずしも一致しません。

　具体的には表1のとおり年齢別の区別はなく，算定基礎期間のみにより区分され給付日数は，90日，120日および150日となっています。

　ところで，あなたの場合については，B社の被保険者期間が7カ月あり，会社都合による解雇（特定受給資格者といいます）ということですので，事務担当者のおっしゃったとおり，雇用保険の受給資格の決定は，B社で交付された離職票に基づいて行われます。

　そして，あなたの場合は，A社勤務の期間についてもA社退職の際基本手当（失業等給付）を受けることなくB社に勤務したようですから，A社勤務の期間はB社勤務の期間に通算され，あなたの被保険者であった期間（算定基礎期間）は20年以上となりますからかけ捨てのご心配はいりません。

　なお，一般の離職者（受給資格者）とは別に，倒産，解雇（リストラ）等により，再就職の準備をする余裕のない離職者（特定受給資格者）を区分し，表2のように年齢別，算定基礎期間の区分により一般の受給資格者より所定給付日数を手厚くする措置が講ぜられています。

　所定給付日数の決定の際には，受給資格の決定にかかる離職の日における年齢が重要な要素となるわけですが，その年齢の確認は，住民票あるいは運転免許証等官公署が発行した年齢を確認する書類によって行われます。

　なお，ここで特定受給資格者となる範囲の大略を次に掲げておきましょう（詳細は付録「特定受給資格者及び特定理由離職者の範囲と判断基準」参照）。

（1）倒産等により離職
　① 倒産（破産，民事再生，会社更生等の手続申立て，手形取引停止等）
　② 事業所における大量雇用変動の届出
　③ 事業所の廃止（事業活動停止後再開の見込みがない場合を含む）
　④ 事業所の移転により通勤困難となったため

148　第2編　雇用保険法〔Q82〕

〈表1　受給資格者の所定給付日数表〉

離職の日における年齢等 ＼ 算定基礎期間		20年以上	10年以上20年未満	10年未満	
		150日	120日	90日	
身体障害者等就職困難な者	45歳未満	1年以上　300日			1年未満　150日
	45歳以上65歳未満	1年以上　360日			1年未満　150日

※下記の〈表2〉以外の受給資格者

〈表2　特定受給資格者および特定理由離職者※の所定給付日数表〉

年　　齢 ＼ 算定基礎期間	20年以上	10年以上20年未満	5年以上10年未満	1年以上5年未満	1年未満
30歳未満	180日		120日	90日	
30歳以上35歳未満	240日	210日	180日	120日	90日
35歳以上45歳未満	270日	240日		150日	
45歳以上60歳未満	330日	270日	240日	180日	
60歳以上65歳未満	240日	210日	180日	150日	

※期間の定めのある労働契約の期間が満了し，かつ，当該労働契約の更新がないことにより離職した者（契約の更新を希望したにもかかわらず，更新についての合意が成立しなかった場合に限る。（この措置は，離職の日が令和4年（2022年）3月31日までの間にある場合です。））

(2)　解雇等により離職

①　解雇（自己の責めに帰すべき重大な理由による解雇を除く）

②　労働契約締結に際し明示された労働条件が事実と著しく異なった

③　賃金（退職手当を除く）の額の3分の1を超える額が支払期日までに支払われなかったため

④　賃金が85％未満に低下した

⑤　離職の日の属する月の前6カ月間のうち，いずれか連続する3カ月で45時間，いずれか1カ月で100時間，いずれか連続する2カ月以上の時間外労働を平均して1カ月80時間を超えたため等

⑥ 事業主が法令に違反して，産前産後の労働者・子の養育・家族の介護を行う労働者を就業させたため等

⑦ 事業主が労働者の職種転換等に際して，職業生活の継続のために必要な配慮を行わなかったため

⑧ 期間の定めのある労働契約の更新により3年以上引き続き雇用されるに至った場合に契約が更新されないこととなったため

⑨ 期間の定めのある労働契約の締結に際し更新することが明示されているのに更新されないこととなったため

⑩ 上司，同僚等からの故意の排斥または著しい冷遇もしくは嫌がらせを受けたため

　事業主が職場におけるセクシュアルハラスメントの事実を把握していながら，雇用管理上の必要な措置を講じなかったため

　事業主が職場における妊娠，出産，育児休業，介護休業等に関する言動により労働者の就業環境が害されている事実を把握していながら，雇用管理上の必要な措置を講じなかったため

⑪ 事業主から直接もしくは間接に退職勧奨を受けたため

⑫ 事業所において使用者の責めに帰すべき事由により行われた休業が引き続き3カ月以上となったため

⑬ 事業所の業務が法令に違反したため

離職理由の判定は，事業主および離職者からの主張を十分聴取し，公共職業安定所が行いますから，当事者は客観的資料，証言等自己主張する離職理由を裏付けるものなど用意しておくとよいでしょう。

150　第2編　雇用保険法〔Q83〕

Q83 合理化のために解雇する者は，基本手当をすぐ受給できるのか？　受けることができる期間は？

　当社では，今回企業合理化を行い40名を解雇することを予定しています。これらの者は基本手当の受給資格を満たしていますが，離職後公共職業安定所へ出頭すれば通常の離職者と同様に，基本手当を受けられるのですか。また，基本手当を受けることができる期間は1年間と聞いていますがこの点についても説明してください。

Ⓐ　基本手当の受給要件は，雇保法第13条に規定があり，原則として，離職日以前2年間に被保険者期間が通算して12月以上あることです。しかし，特定受給資格者（離職理由が，倒産，事業主都合の解雇等）と特定理由離職者（巻末付録227頁参照）については，前記の受給要件に該当しない場合でも，離職日以前1年間に被保険者期間が6月以上であれば基本手当が受けられるように要件が緩和されています。

　つまり，上記の受給要件が該当した場合に基本手当が受けられます。しかし，雇保法第21条に，「基本手当は，受給資格者が当該基本手当の受給資格に係る離職後最初に公共職業安定所に求職の申込みをした日以後において，失業している日（疾病又は負傷のため職業に就くことができない日を含む。）が通算して7日に満たない間は，支給しない」と規定されております。これを待期といい，基本手当は，受給資格者に対して離職後公共職業安定所に出頭し求職の申込を行った後，失業の期間が7日経過するまでは支給されません。

　また，雇保法第33条第1項には，「被保険者が自己の責めに帰すべき重大な理由によつて解雇され，又は正当な理由がなく自己の都合によつて退職した場合には，第21条の規定による期間（待期）の満了後1カ月以上3カ月以内（原則として3カ月）の間で公共職業安定所長の定める期間は，基本手当を支給しない」と規定されており，給付制限が行われることとなっています。

　ご質問の場合は，企業合理化による解雇となっていますので，通常の離職者と区分した特定受給資格者となります（付録「特定受給資格者及び特定理由離職

者の範囲と判断基準」参照)。当然，雇保法第33条の規定に基づく給付制限は行われず，7日の待期が満了した後も失業している場合は，特定受給資格者として算定基礎期間，年齢区分による基本手当が支給されます（148頁参照）。

次に，基本手当を受けることができる期間についてですが，雇保法第20条第1項には，原則として「離職の日の翌日から起算して1年の期間（離職日において45歳以上65歳未満で算定基礎期間が1年以上ある障害者等の就職困難者は1年に60日を加えた期間，離職日において45歳以上60歳未満で算定基礎期間が20年以上ある特定受給資格者は1年に30日を加えた期間）内の失業している日について」と規定されています。この1年の期間を受給期間といいます。雇用保険は本来短期的な一定の期間中の失業についてのみ保護しようとする趣旨からこの受給期間が設けられたものです。

このように基本手当の支給を受けることができる期間は，原則として，受給資格を取得した後における最初の離職の日の翌日から1年間に限られており，受給期間が経過した後は，たとえ所定給付日数が残っていても，その受給資格に基づいては，もはや基本手当の支給を受けることができません。

なお，離職理由により給付制限がある場合は受給期間に特例がありますし，受給資格者が公共職業安定所の指示により公共職業訓練等を受ける場合には，当該公共職業訓練等を受け終わるべき日がその1年の期間を経過した日以後の日であるときは，雇保法第24条第1項の規定により受給期間は，その公共職業訓練を受け終わる日まで延長されます。また，雇保法第25条の規定による広域職業紹介活動命令地域に係る給付日数の延長措置に基づいて所定給付日数を超えて基本手当の支給を受ける受給資格者については，同条第4項の規定により，所定給付日数いかんにかかわらず90日間だけ受給期間が延長されます。

なお，貴社では，40名を解雇することを予定しておられるようですので，このように大量雇用の変動（事業規模の縮小等の理由による離職者の数が30以上）がある場合は，解雇の日の少なくとも1カ月前に大量離職届を公共職業安定所長に提出する必要があります（労働施策総合推進法27条）。

152 第2編 雇用保険法〔Q84〕

Q84 離職後何カ月も経過後に再就職した場合，再就職手当は受けられるか？

　私は結婚したことに伴い，今年の4月30日に20年間勤めていた会社を辞めました。そしてようやく家事にも慣れ，落ち着いてきましたので，どこか就職口はないものかと思い，12月5日に公共職業安定所に行って求職申込をし，また同日基本手当の受給資格の決定を受けました。

　その際，早期に再就職すると再就職手当が支給されると聞きましたが，38歳の私の場合，いつまでに就職すると支給されるのでしょうか。また支給額はいくらになるでしょうか。

Ⓐ　ご質問の事例のような場合，早期に再就職するということは，基本手当の所定給付日数の3分の1以上残して（支給残日数といいます）就職するということで，この条件に該当しない場合は，再就職手当は支給されません。

　あなたの場合，求職の申込をしたのが12月5日と離職の日以後相当の期間が経過していることと併せ，離職理由が結婚という自己都合によるものですから，3カ月間の給付制限があります。したがって，基本手当の支給開始日は，待期期間7日と給付制限期間3カ月を経過した翌年3月13日で，受給期間の満了日の4月30日までの47日間が支給残日数となり，所定給付日数の150日分の3分の1以上の50日以上残しておりませんので再就職手当は支給されません。

　参考までに再就職手当の支給基準を示すと次のとおりです。

　受給資格者であって次のいずれにも該当する者です。

　㋐　1年を超えて引き続き雇用されることが確実であると認められる職業に就き，または自立できると公共職業安定所長が認めた事業を開始したこと。

　㋑　離職前の事業主に再び雇用されたものでないこと。

　㋒　待期期間が経過した後職業に就き，または事業を開始したこと。

　㋓　受給資格に係る離職について雇保法第33条第1項の給付制限の適用を

受けた場合において，待期期間の満了後１カ月の期間内については，公
　共職業安定所または一定の職業紹介事業者の紹介により職業に就いたこ
　と。
　(オ)　雇入れをすることを同法第21条に規定する求職の申込をした日前に約
　　した事業主に雇用されたものでないこと。
　再就職手当の額は，支給残日数が所定給付日数の３分の２以上である場合は，

$$基本手当日額×\left(支給残日数×\frac{7}{10}\right)$$

　支給残日数が所定給付日数の３分の１以上３分の２未満である場合は，

$$基本手当日額×\left(支給残日数×\frac{6}{10}\right)$$

です。この場合の基本手当日額には，上限額が定められています。現在（平成
31年３月18日～）60歳未満は6,110円，60歳以上65歳未満は4,945円が上限です。
　再就職手当の支給申請手続は，原則として再就職した日の翌日から起算して
１カ月以内にしなければなりません。
　また，平成26年の雇用保険法一部改正により，就業促進定着手当が創設され
ました。
　支給要件は，下記のいずれにも該当する人です。
　　a．再就職手当を受けた者であること
　　b．再就職の日から引き続いて同じ事業主に６カ月以上雇用されているこ
　　　と（起業により再就職手当を受給した人には「就業促進定着手当」は支
　　　給されません）
　　c．再就職日から６カ月間における１日分の賃金額が，離職前の賃金日額
　　　を下回ること
　　※再就職後の１日分賃金額は，原則として６カ月間の賃金合計額を180で除した
　　　額です。
　支給額は，おおむね次のように計算されます。

　　　　（離職前の賃金日額－再就職後６カ月間の１日分の賃金）×
　　　　（再就職後６カ月間の賃金の支払の基礎となった日数）

154 第2編 雇用保険法〔Q84〕〔Q65〕

上記額は，（基本手当日額×支給残日数×40％）が上限になります。また，基本手当日額の上限額は，再就職手当の上限額と同じです。

手続は，再就職後6カ月経過した日の翌日から2カ月以内に支給申請をし，一時金として支給されます。

次に基本手当の支給残日数が所定給付日数の3分の1未満の受給資格者等で就職が困難な人に支給される常用就職支度手当について検討しますと，原則として45歳以上の受給資格者となっていますので，常用就職支度手当も支給対象となりません。

なお，以上の手当のほか，基本手当の支給残日数が所定給付日数の3分の1以上かつ45日以上ある受給資格者で，常用以外の労働者として職業に就いた者に対して，現に職業に就いている日について就業手当が支給されます。支給基準は，受給資格者であって次のいずれにも該当する者です。

(ア) 離職前の事業主に再び雇用されたものでないこと。

(イ) 待期期間が経過した後職業に就き，または事業を開始したこと。

(ウ) 受給資格に係る離職について雇保法第33条第1項の給付制限の適用を受けた場合において，待期期間の満了後1カ月の期間内については，公共職業安定所または職業紹介事業者の紹介により職業に就いたこと。

(エ) 雇入れをすることを同法第21条に規定する求職の申込をした日前に約した事業主に雇用されたものでないこと。

就業手当の額は，現に職業に就いている日（受給期間内に基本手当の支給を受けることができることとなる日に限る）について，基本手当日額（その金額が12,330円に100分の50を乗じて得た金額（60歳以上65歳未満の受給資格者は11,090円に100分の45を乗じて得た金額）を超えるときはその金額）の10分の3を乗じて得た額で，現在1,849円（60歳以上65歳未満は1,497円）となっています（令和2年3月1日〜）。

就業手当の支給申請手続は，申請書を失業の認定の対象となる日（求職の申込をした日以後最初の失業の認定においては給付制限期間内の日を含む）について失業の認定を受ける日（その日に現に職業に就いている場合は，次の失業の認定日の前日まで）に，受給資格者証を添えて，住居所を管轄する公共職業安定所長に提出します。

２ 保険給付　155

Q85 再就職手当に上乗せ給付はあるのか

　先日，当社で数名の社員を採用したのですが，その中には，早期に転職できた者がおり，再就職手当を受給しました。そのものが，「何カ月か勤めると，再就職手当に上乗せ給付みたいな給付があるらしい」と言うのですが，どんな給付なのでしょうか。

Ⓐ　雇用保険の給付の種類の中に，「就職促進給付」という給付があります。名称のとおり，就職を促進するために設けられた給付で，「就業促進手当」，「移転費」，「求職活動支援費」の３種類の給付があります。その「就業促進手当」のうち，「再就職手当」も「就業促進定着手当」もあります。

　「就業促進定着手当」を受けられる条件は，次のすべての条件に該当することです。

① 再就職手当を受けたこと

② 引き続き再就職先に６カ月以上雇用されていること

③ 再就職先で６か月間に支払われた賃金の１日分の額が，雇用保険の給付を受ける離職前の賃金の１日分の額（基本手当の計算の基礎になった賃金日額）と比べて低下していること

　受けられる額は，次の式で計算されます。

（離職前の賃金日額 − 再就職の日から６カ月間に支払われた賃金の１日分の額）
　　　× （再就職の日から６カ月間の賃金の基礎となった労働日数）

　上記の額には次の計算による上限額があります。

　（基本手当日額[1]） × （基本手当の支給残日数[2]に相当する日数） ×40[3]％

〔注意〕

1 60歳未満と60歳以上でそれぞれ上限があります。

2 再就職手当を受ける前の支給残日数

3 再就職手当の給付率が70％のときは，30％です。

156 第2編 雇用保険法〔Q85〕〔Q86〕

つまり，離職した時の賃金日額と再就職した時の賃金を比べて下がってしまったときに，補償しようとするものです。貴社の社員の方が上記の条件に該当すれば，受給できます。

Q86 求職者給付受給中私傷病にかかった場合に傷病手当が受けられるか？

私は，現在基本手当を受給中ですが，病気にかかりました。
このような場合，基本手当の代わりに傷病手当が支給されると聞いておりますが，傷病手当の支給要件，受給の手続等についてご説明をお願いします。

Ⓐ　まず最初に傷病手当制度のあらましについて説明します。受給資格者が疾病または負傷のため15日以上職業に就くことができないときは，労働の能力を欠くものとして基本手当が支給されません。

しかしながら，受給資格者が離職後公共職業安定所に出頭し求職の申込をした後に，傷病により職業に就き得ない場合には，受給資格者が申請すれば，基本手当の支給されない日について傷病手当が支給されます。傷病手当の日額は基本手当と同額であり，その給付日数は，その者の所定給付日数からすでに支給された基本手当の日数を差し引いた残余の日数を限度としています。

傷病手当は，公共職業安定所において傷病の認定を受けた日について支給されます。

この制度は，現在の社会保障制度のもとにおいて，失業者の傷病期間中の生活保障が十分なされていないのを，雇用保険において埋めるために設けられたものです。したがって，傷病の日について健康保険法による傷病手当金，労働基準法による休業補償，労災保険法による休業補償給付等が支給される場合には，傷病手当は支給されないこととなっています。

〈傷病手当の支給要件〉

　傷病手当は，いったん失業した人が傷病になった場合に，その傷病の期間中の生活を保障しようとするものですから，受給資格者が，離職後公共職業安定所に出頭し，求職の申込をした後に疾病または負傷して，そのために職業に就くことができないと認められた場合に限って支給されます。

　つまり，公共職業安定所に出頭し求職の申込を行う前から傷病になっていた者には傷病手当は支給されませんし，たとえ傷病にならなくとも何か他の理由で職業に就くことができない者や，働く意思のない者には支給されないこととなっています。また，15日未満の傷病の場合には傷病手当でなく基本手当が支給され，給付制限期間中の日または待期期間中の日については，傷病手当も支給されないこととなります。

　最後に傷病手当の受給手続についてですが，傷病手当の支給を受けるには，受給資格者の住居所を管轄する公共職業安定所長から，一定の要件に該当することの認定を受けなければならないこととなっています。

　受給資格者は原則として，当該職業に就くことができない理由がやんだ後における最初の支給日（支給日がないときは，その者の受給期間満了の日から1カ月を経過した日）までに「傷病手当支給申請書」に受給資格者証を添えて提出し，傷病の認定を受けなければなりません。

　なお，この申請書の提出は，やむを得ない理由があるときは，代理人によっても行うことができます。

158   第2編　雇用保険法〔Q87〕

Q87 公共職業訓練等を受けた場合に，給付日数が増えるのか？

　雇用保険では，公共職業訓練等を受ける場合には，給付日数の延長が受けられると聞きました。

　どのような要件に該当すれば給付日数の延長の適用を受けられるのでしょうか。また，要件に該当しても，一定の基準をパスして公共職業安定所が受講の指示をしなければ，適用されないということですが，どのような基準で判定されるのでしょうか。

A　受給資格者が公共職業安定所の指示により，公共職業訓練等（その期間が2年以内のものに限られます）を受講する場合に，所定給付日数を超えてその訓練等を受けるために待期している期間（90日を限度）・訓練等を受けている期間および当該訓練等の受講終了後もなお就職困難な者については修了後の期間（30日を限度），基本手当が支給されることになっています。このような制度を設け，訓練受講中の生活を保障しているのは，受給資格者の公共職業訓練等の受講を容易にし，技能を付与することにより，積極的に再就職の促進を図ろうとするところにその理由があるわけです。

　さて，給付日数延長の適用を受けるためには，次のすべての要件に該当することが必要です。

(1)　職業訓練等の受講を指示した日において受給資格者であること。

(2)　公共職業安定所の指示により職業訓練等を受ける者であること。

(3)　職業訓練等施設における所定の訓練等の期間が2年以内であること。

　次に，公共職業訓練等を受講する場合に給付日数の延長を受けることができるのは，公共職業安定所がその公共職業訓練を受講することを指示した場合に限られ，その受講指示は，次の基準によって行われることになっています。なお，受講の指示は，原則として昼間の職業訓練について行うことになっております。

(1)　現在有する技能，知識等と労働市場の状況から判断して当該職業訓練を

受けさせることが適職に就かせるために必要であると認められるものであること。

(2) 職業訓練を受けるために必要な能力を有するものであること。

この判定に当たっては，次の点が考慮されます。

(ア) 職業訓練施設への通所または寄宿が可能であること。

(イ) 当該職業訓練を修了する見通しのあること。

(ウ) 現に胸部疾患および伝染性疾患を有しないこと。

(エ) 身体に障害を有する場合には，当該職業訓練を受講するに支障がない程度のものであること。

(オ) 適性の判定が困難な求職者にあっては，適性結果が「訓練科別所要性能基準表」に合格しているものであること。

(カ) 公的資格制度等のある職種にかかる訓練科へ受講指示を行う場合は，それぞれの制度が定める要件（学歴，年齢等）を具備していること。

(3) 以上の基準によりその適否等が判断されますが，(1)および(2)の要件に該当しても，次の各号に該当している場合には，原則として受講指示は行われないことになっています。

(ア) 当該受給資格に係る受給期間中において，受講指示された職業訓練の受講を正当な理由なく拒否または正当な理由なく中途でやめた事実のあるとき。

(イ) 受講指示により職業訓練を受講したことがある場合であって，当該職業訓練修了後1年を経過していないとき。

(ウ) 就職促進の措置を受けたことがある場合であって，当該措置終了後1年を経過していないとき。

160　第2編　雇用保険法〔Q88〕

Q88　移転就職する場合，移転費は支給されるのか？

　当社では，このたび九州から労働者を採用することになりましたが，聞くところによると，公共職業安定所の紹介によって移転就職する場合には，移転費が雇用保険から支給されるとのことです。

　これらの支給要件および金額等はどのようになるのでしょうか。

A　失業者にとって，基本手当の支給を受けることよりも，その能力に適する職業に就き，失業の状態を解消することが，より望ましいことはいうまでもありません。

　雇用保険では，こうした観点から基本手当の受給資格者等が公共職業安定所等の紹介した職業に就くため，または公共職業安定所長が指示した公共職業訓練等を受けるため，その住所または居所を変更する必要が生じた場合，移転に要する費用を，移転費として支給することにしております。

　この移転費の支給を受けるためには，次の要件を同時に満たすことが必要となります。しかし，雇用期間が1年未満である場合等は，支給されません。

① 受給資格者等（高年齢受給資格者，特例受給資格者，日雇受給資格者を含む）であること。

② 待期または給付制限期間中（離職理由による3カ月間の給付制限期間に限る）を経過した後に就職，または公共職業訓練等を受講することになったこと。

③ 公共職業安定所，特定地方公共団体または職業安定法に規定する職業紹介事業者が紹介した職業に就くため，または公共職業訓練等を受講することになったこと。

　（注）特定地方公共団体とは，職業安定法第4条第8項に規定する無料の職業紹介事業を行う地方公共団体をいう。

④ 受給資格者等の居住地を管轄する公共職業安定所の長が基準に照らして住所または居所の変更が必要であると認めたこと。

⑤ 就職支度金その他移転に要する費用が就職先の事業主等から支給されな

いことまたは，その支給額が移転費の額に満たないこと。

したがって，貴社の場合には，貴社が採用することとした労働者が受給資格者であって，公共職業安定所の紹介により貴社への就職が決定し，かつ，前述の要件を満たす場合には，その者に対して移転費が支給されることになります。

次に，移転費の内容ですが，移転費は，鉄道賃，船賃，航空賃，車賃，移転料および着後手当の6種類であって，本人および本人が随伴するその家族について，移転費の支給を受けることのできる受給資格者の現在の住所から，新しい住所までの区間の順路によって計算した額を支給します。移転料については，移転する距離に応じて最高282,000円（家族を随伴しない場合にはその2分の1）までの額を支給するように移転料額が決められています。また，着後手当の額は，家族を随伴する場合にあっては，76,000円，家族を随伴しない場合にあっては，38,000円となっています（鉄道賃の計算の基礎となる距離が100km以上の場合は，それぞれ95,000円と47,500円）。ただし，事業主から移転に要する費用が支給される場合には，前述により計算して得られた額から，事業主の支給する費用を控除して得られた額に相当する額が，移転費として支給されることになります。

なお，移転費の受給手続については，移転費の支給を受けようとする者は，原則として，移転の日の翌日から起算して1カ月以内に「移転費支給申請書」に受給資格者証等を添えて，その者の居住地を管轄する公共職業安定所長に提出しなければなりません。この場合，就職先の事業主から就職支度費等の移転に要する費用が支給される場合には，同時にその金額を届け出なければなりません。

また，移転費は，就職のために住所または居所を移転することを条件に支給されるものですから，移転費の支給を受けた者が，移転費支給後に紹介された職業に就かなかったり，あるいは，就職しても住所または居所を移転しなかった場合には，その事実が確定した日の翌日から10日以内にその旨を届け出るとともに，支給を受けた額を返還しなければなりません。

162 第2編 雇用保険法〔Q89〕

Q89 60歳以降に給与が下がった場合，雇用保険から何か給付があるか？

当社は定年が60歳で，その後は嘱託として継続雇用をしております。給与額は60歳時の60％になります。雇用保険から高年齢者に対する給付があると聞いたのですが，受けられる条件や額について教えてください。

A 雇用保険は，労働者が失業した場合に支給されるいわゆる失業給付の他，雇用の継続が困難となる事由が生じた場合にも給付を行うことになっています（雇保法1条）。ご質問の給付は高年齢雇用継続給付といい，高年齢雇用継続基本給付金と高年齢再就職給付金の2種類があります。あらましをご説明しましょう。

(1) 高年齢雇用継続基本給付金

被保険者であった期間が5年以上ある60歳以上65歳未満の高齢者について，各月について支払われた賃金額が60歳到達時点のみなし賃金日額を30倍した額の75％未満に低下した場合に支給されます。

給付額は，①支給対象月の賃金月額が60歳到達時点のみなし賃金日額を30倍した額の61％未満であるときは，その支給対象月の賃金月額の15％相当額，②支給対象月の賃金月額が60歳時点のみなし賃金日額を30倍した額の61％以上75％未満のときは，その支給対象月の賃金月額に，60歳時点のみなし賃金日額(注)を30倍した額に対するその支給対象月の賃金月額の割合が逓増する程度に応じ，15％から0％までの範囲で一定の割合で逓減する率を乗じて得た額とされています。賃金の低下率と支給率は次頁の表のようになっています。

（注）みなし賃金日額は，60歳に達したときに離職したとみなして賃金日額を算出します。つまり，原則として，60歳到達日以前2年間に被保険者期間と計算された最後の6カ月間に支払われた賃金の総額を180で除して得た額です。

この給付金は，支給対象月の賃金月額と給付額の合計額について，366,344円を上限としています。したがって，賃金と給付額の合計額が366,344円を超

② 保険給付　163

〈高年齢雇用継続給付の給付金早見表〉

低　下　率	支　給　率	低　下　率	支　給　率
75.00％以上	0.00％	68.00％	6.73％
74.00％	0.88％	67.00％	7.80％
73.00％	1.79％	66.00％	8.91％
72.00％	2.72％	65.00％	10.05％
71.00％	3.68％	64.00％	11.23％
70.00％	4.67％	63.00％	12.45％
69.00％	5.68％	62.00％	13.70％
		61.00％以下	15.00％

えるときは，上限額（「支給限度額」といいます）から支払われた賃金額を減じた額が支給されることになります。支払われた賃金が363,344円（令和2年3月1日〜）以上であるときは，支給されません。なお，給付額が，賃金日額の最低限度額（現行2,500円）の80％（2,000円）を超えないときも，高年齢雇用継続基本給付金は支給されません（令和2年3月1日〜）。

　支給期間は，原則として被保険者が60歳に達した日の属する月から65歳に達した日の属する月までです。ただし，暦月において，初日から末日まで被保険者として継続して雇用されている月が対象です。

　60歳到達時点よりもあとで被保険者であった期間5年の要件を満たした場合は，5年の要件を満たした時点のみなし賃金月額と比べて要件を満たした月以降の各月の賃金が75％未満に低下したときに，高年齢雇用継続給付が支給されることになります。

(2)　高年齢再就職給付金

　高年齢再就職給付金は，基本手当を受給した後，再就職した者に対して支給されるものですが，高年齢雇用継続基本給付金と同様，被保険者であった期間が5年以上あることが必要とされています。就職日の前日における支給残日数が一定日数（100日）以上であることを支給要件とし，その上で，再就職後の賃金が当該基本手当日額の算定の基礎となった賃金日額を30倍した額の75％未

満に低下した場合に支給されます。

給付額は，高年齢雇用継続基本給付金と同じです。

支給期間は，65歳に達する日の属する月までを限度に，基本手当の支給残日数が200日以上あるときは2年間，100日以上200日未満なら1年間とされています。

Q90 出産後，育児休業を取得した場合，育児休業給付はいつまで受けられるか？

当社では，育児休業を子が3歳になるまで取得できることになっています。その場合，雇用保険からの育児休業給付金はいつまで受けられるのですか。

A 育児休業給付の支給対象となるのは，原則として「……その子が1歳に満たない子……を養育するための休業をした場合に……」と雇用保険法第61条の4に規定しています。したがって，貴社の社員が子が3歳に達するまで育児休業を取得したとしても，育児休業給付金の支給対象になるのは，原則として子が1歳に達するまでの期間です。

育児休業給付金について，あらましを説明しましょう。

育児休業給付金は，満1歳未満（一定の場合(注1)は1歳2カ月，さらに一定の場合は1歳半）の子を養育するため育児休業した被保険者（一定の要件を満たす期間雇用者を含む）であって，育児休業開始前2年間にみなし被保険者期間（賃金支払の基礎となった日数が11日以上ある月を1カ月と計算する）が12カ月以上ある者に対して支給されます。

育児休業給付金の支給額は，1支給単位期間(注2)について，次のようになります。

②　保険給付　165

> ①　育児休業開始から180日めまでは
> 　　育児休業開始時賃金日額^(注3)×支給日数×67％
> ②　育児休業開始から181日めからは
> 　　育児休業開始時賃金日額^(注3)×支給日数×50％

　支給日数は，１支給単位期間について30となります。育児休業を終了した日の属する支給単位期間については，当該支給単位期間における当該休業を開始した日または休業応当日から当該育児休業が終了した日までの日数になります。つまり，育児休業が終了する日の支給単位期間については，支給単位期間が１カ月に満たない場合，30日ではなく，終了する日までの日数になります。

（注１）　一定の場合——①父母ともに育児休業を取得するパパママ育休プラス制度の場合は１歳２カ月までの間で最長１年間，②保育所に保育の実施を希望し申し込んだがその実施が行われない場合は１年６カ月まで，③当該子の養育を行う予定の配偶者が死亡，傷病，離婚，産前産後休業に該当した場合は１年６カ月まで延長でき，給付金支給の対象になります。

　　　　　また，子が１年６カ月に達した日後においても，保育所等の利用を希望し申込みを行っているが当面その実施が行われない場合や，当該子の養育を行う予定の配偶者が死亡，傷病，離婚，産前産後休業に該当した場合は，２歳まで延長が可能になり給付金支給の対象になります。

（注２）　支給単位期間——育児休業開始日または休業開始応当日から各月の休業開始応当日の前日（当該休業を終了した日の属する月にあっては，当該休業を終了した日）までの各期間をいいます。

（注３）　育児休業開始時賃金日額——育児休業を開始した日の前日を離職日とみなして賃金日額を算定し，その30倍に相当する額を育児休業開始前の１月分の賃金とします。女性の場合は一般的に，産前休業取得前６カ月間の賃金の合計額を180で除して得た日額に30を乗じた額となります。この賃金日額には上限と下限があります。下限額は2,500円です。上限額は15,140円です。結果的に支給額の上限額は，支給率が67％の場合は304,314円であり，支給率が50％の場合は227,100円になります（令和２年３月１日〜）。

　育児休業中に事業主から賃金が支払われた場合には，その賃金に応じて次のようになります。

　①　育児休業期間中に事業主から賃金が支払われた場合は，当該賃金額に給

166 第2編 雇用保険法〔Q90〕〔Q91〕〔Q92〕

付金を加えた額が休業開始時賃金日額に支給日数を乗じた額の100分の80以上であるときは、休業開始時賃金日額に支給日数を乗じた額の100分の80から当該賃金を減じた額が支給されます。

② 事業主から支払われた賃金額が休業開始時賃金日額×支給日数の80%以上であるとき育児休業給付金は支給されません。

支給期間は、子が1歳（前記（注1）参照）に達するまでです。育児休業法では、1人の子について1回に限り育児休業をすることができるとされていることから、同一の子についての2回目以降の休業については、原則として育児休業給付金の支給対象とされません。ただし、育児休業法において2回目以降の育児休業が認められているパパママ育休プラス制度と特別の事情と同様の事情がある場合には、育児休業給付金は支給されます。

Q91 | 期間雇用者でも育児休業給付は受けられるのか？

当社では正社員の他に期間雇用者（期間を定めて雇用される者）も数人雇用しています。先日、そのうちの1人が妊娠し、出産後に育児休業を取りたいというのです。当社では育児休業期間は無給です。期間雇用者でも育児休業給付を受給できるのでしょうか。

また、当社ではパートさんも雇用しているのですが、パートさんも受給できるのでしょうか。

Ⓐ 育児休業給付金の受給対象となるのは、雇用保険の被保険者（短期雇用特例被保険者、日雇労働被保険者以外の被保険者）であり、育児休業給付金の受給要件に該当すれば原則として受けられます。しかし、期間雇用者については、育児休業給付は雇用の継続が困難になった場合に支給し、雇用が継続できるようにするのが目的ですから、労働契約期間が定まっている人については、同一の事業主の下で1年以上雇用が継続しており、かつ、1歳6カ月までの間に、その労働契約期間（労働契約が更新される場合は、更新後のも

② 保険給付　167

の）が満了することが明らかでない場合には，育児休業の取得が可能ですから，育児休業給付金の支給要件に該当すれば，正社員と同様に育児休業給付金が受けられますし，給付内容も全く変わりはありません。

　なお，パートさんですが，貴社のパートさんが雇用保険の被保険者（短期雇用特例被保険者と日雇労働被保険者を除く）であり，期間雇用者ではなく，育児休業給付金の支給要件に該当すれば当然受給できます。期間雇用者の場合は，期間雇用者が育児休業取得要件に該当し，育児休業給付金の支給要件に該当すればこちらも当然受給できます。

　なお，雇用保険法改正により，65歳以上の高年齢被保険者も育児休業給付を受給できるようになりました。

Q92 家族を介護するために休業した場合，介護休業給付金は幾らぐらいもらえるのか？

　当社の社員で，90歳になる母親が具合が悪くなり，介護休業を取りたいという者がいます。休業中は給与が支給されないので，雇用保険からの介護休業給付金を受けられるようにしてやりたいと思います。幾らぐらい受給できるのでしょうか。

A　受けられる額は，1支給単位期間に，休業開始時賃金日額の67％に支給日数を乗じた額です。介護休業給付金の支給要件等，あらましを説明しましょう。

　介護休業給付金は，負傷，疾病または身体上もしくは精神上の障害により，2週間以上の期間にわたり常時介護を必要とする状態にある対象家族（被保険者の配偶者（婚姻の届出はしていないが，事実上婚姻関係と同様の事情にある者を含む），父母，配偶者の父母，子，祖父母，兄弟姉妹および孫）を介護するため介護休業した被保険者（一定の要件を満たす期間雇用者を含む）であって，介護休業開始前2年間にみなし被保険者期間（賃金支払の基礎となった日

数が11日以上ある月を1カ月と計算する）が12月以上ある者に対して支給されます。

　介護休業給付金の支給額は，1支給単位期間について休業開始時賃金日額×支給日数に67％を乗じた額となります。支給日数は，1支給単位期間について30です。休業終了日が含まれる支給単位期間については，支給単位期間の初日から休業終了日までの日数です。

　その支給単位期間とは，休業開始日から休業終了日までの期間について，休業開始日または各月における休業開始日に応当する日（応当日がない場合は月末日）からそれぞれの翌月の応当日の前日までの各期間に区分した場合におけるそれぞれの期間をいいます。つまり，休業開始日から終了日までの期間を1カ月ごとに区切り，その区切った期間を支給単位期間といいます。

　その支給単位期間において次の要件に該当する場合に，介護休業給付金が支給されます。

① 　支給単位期間の初日から末日まで継続して被保険者であること。

② 　支給単位期間において，就業していると認められる日数が10以下であること（全日にわたって休業している日以外の日をいう。所定労働日以外の休業日を含む）。休業終了日が含まれる支給単位期間においては，就業していると認められる日数が10以下であるとともに，全日休業日が1以上あること。

　また，平成29年1月1日の法改正により，同一対象家族に対して3回まで介護休業の取得が可能となりました。ただし，介護休業を開始した日から終了した日までの日数を合算して93日までが限度です。したがって，2回目または3回目の介護休業に対する介護休業給付金の支給は，その都度支給要件に該当するか否かを確認することになります。

　介護休業開始時賃金日額とは，介護休業を開始した日の前日に離職したものとみなして算定した賃金日額であり，支給額については，上限額・最低保障額が設けられています（令和2年3月1日〜，1支給単位期間における上限額は334,866円，下限額は50,250円です）。

　介護休業中に事業主から賃金が支払われた場合には，その賃金に応じて次のようになります。

② 保険給付　169

① 　介護休業期間中に事業主から賃金が支払われた場合は，当該賃金額に
給付金を加えた額が休業開始時賃金日額に支給日数を乗じた額の100分
の80以上であるときは，休業開始時賃金日額に支給日数を乗じた額の
100分の80から当該賃金を減じた額が支給されます。
② 　事業主から支払われた賃金額が休業開始時賃金日額×支給日数の80％
以上であるときは，介護休業給付金は支給されません。

Q93 雇用保険の給付として，教育講座の費用を助成してくれる制度があるのか？

　雇用保険には，加入者に対して講座の費用を助成する制度がある
と聞きました。どのような講座だったら助成を受けられるのでしょ
うか。また，退職した後でも受けられると聞きましたが，本当で
しょうか。

Ⓐ 　雇用保険には，一般被保険者等（高年齢被保険者を含む）に対する保
険給付として「教育訓練給付」という給付があり，その教育訓練給付に
は，一般教育訓練給付と専門実践教育訓練があります。一般教育訓練給付の支
給要件の概要は下記のとおりです。

① 　被保険者（加入者）※になって，３年以上経過していること（初めて
教育訓練給付を受ける場合は，１年以上），または，退職後，原則とし
て１年以内であること（被保険者資格喪失日以降１年間に妊娠，出産，
育児，疾病，負傷等の理由により引き続き30日以上教育訓練の受講を開
始できない日がある場合には，その旨を公共職業安定所に申し出ること
により，当該被保険者資格喪失した日から受講開始日までの期間（適用
対象期間）を，その受講開始できない日数分延長することができます。
ただし，最長19年までです。結果として，被保険者喪失日より20年の間
に受講が可能になります）。

※ 「被保険者」とは，一般被保険者，高年齢被保険者，又は短期雇用特例被
保険者をいいます。

② 厚生労働大臣が指定する教育訓練を修了したこと。

③ 前回の教育訓練給付金受給から今回の受給開始日前までに３年以上経
過していること

厚生労働大臣が指定する教育訓練は，就職の促進を図るための職業に関する
教育訓練ですから，全くの趣味的な講座は対象になりません。

また，被保険者になって３年以上経過していなくても，被保険者になる前に
他の会社等から転職している場合は，その間が１年以内であれば，原則として
通算されます。

支給額は，受講のために支払った入学料および受講料の合計額の２割で，上
限額が10万円です。ただし，教育訓練給付として計算された額が4,000円以下
の場合は支給対象になりません。また，受講開始前１年以内に一定のキャリア
コンサルタントが行うキャリアコンサルティングを受けた場合は，その費用を
教育訓練経費に加えることができます。加えることができる額は，２万円まで
です。

支給申請手続は，受講を修了した本人が，原則として本人住所地を管轄する
ハローワークに対して，教育訓練修了証明書，受講料等の領収書，本人・住所
確認書類，雇用保険被保険者証，払渡希望金融機関の通帳等を持参して行いま
す。

教育訓練給付は，前記支給要件に該当すれば，受けることができます。また，
初めて受ける場合は，被保険者になって１年経てば受けることが可能ですし，
その後は３年経過すれば，また受けることができます。つまり３年に１回受け
ることが可能になります。

なお，人生100年時代に備え，生涯教育構想のもと，一般教育訓練給付の中
のキャリアアップ効果の高い講座を対象に，「特定一般教育訓練」とし，2019
年10月からその特定一般教育訓練については，教育訓練経費に関して，給付率
が40％（上限年間20万円）になりました。

専門実践教育訓練は，雇用保険の被保険者または被保険者であった人（原則
として離職後１年以内──「適用対象期間」の特例については，一般教育訓練

給付と同じです）が，下記のどちらの要件にも該当したときに受けられます。

① 受講開始日時点で，雇用保険の被保険者であった期間（「支給要件期間」といいます）が 3 年以上（初めて支給を受けようとする場合は，当分の間 2 年以上）あること。

② 厚生労働大臣が指定した講座を修了見込みで受講していること，または修了したこと。

　厚生労働大臣が指定した講座には，業務独占資格・名称独占資格の取得を訓練目標とするもの（例：助産師，看護師，理学療法士，保健師，調理師等），専門学校の職業実践専門課程，専門職大学院などがあります。

※ 「専門実践教育訓練給付金」と「特定一般教育訓練給付金」については，原則として受講開始前に訓練対応キャリアコンサルタントによる訓練前キャリアコンサルティングを受けなければ，受給することができません。

支給額は，教育訓練経費の50％に相当する額です。その額が 1 年間で40万円を超える場合の支給額は40万円です。ただし，訓練期間は最大で 3 年間ですので 3 年分で120万円までです。 2 年の場合は80万円です。4,000円を超えない場合は支給されません。

なお，10年間に複数回専門実践教育訓練を受講する場合は，最初に専門実践教育訓練を受講開始した日を起点として，10年を経過するまでの間に受講開始した専門実践教育訓練の教育訓練給付金の合計額は，168万円までです。

また，受講修了後あらかじめ定められた資格等を取得し， 1 年以内に一般被保険者として雇用された場合，またはすでに雇用されている場合には，教育訓練経費の20％に相当する額が追加支給されます。合わせて70％が支給されることになりますが，その場合の上限額は，訓練期間が 3 年の場合168万円， 2 年の場合は112万円， 1 年の場合は56万円です。

手続のあらましですが，受講する本人が受講前に，「教育訓練給付金受給資格確認票」を本人の住居所を管轄する公共職業安定所に必要書類を添付し，提出します。受給資格確認が受けられると，「教育訓練給付金受給資格者証」が交付されます。

受講中は，受講開始日から 6 カ月ごとの期間（支給単位期間）の末日の翌日

から起算して1カ月以内に，「教育訓練給付金受給資格確認証」等必要書類を添付して支給申請します。結果として，6カ月ごとに申請することになります。

受講修了したときは，受講修了日の翌日から起算して1カ月以内に申請します。

資格取得等し，かつ，受講を修了した日の翌日から1年以内に被保険者として雇用された場合に追加給付を受けるための支給申請期間は，被保険者として雇用された日の翌日から起算して1カ月以内です。すでに被保険者として雇用されている場合は，受講を修了し，かつ，資格取得等した日の翌日から起算して1カ月以内です。

3 その他

Q94 自営業の開業準備期間は，基本手当を受けられないのか？

当社の元従業員Ａは昨年11月15日定年退職となり，12月7日から本年1月18日まで基本手当を受給し，その間，食堂を開業すべく準備を行っていました。

▷12月20日　保健所の認可を受ける。▷1月18日　公共職業安定所へ開業準備中の旨申し出る。▷1月23日　職安へ開業届。▷2月1日　食堂開店。▷3月初め　公共職業安定所職員の調査を受ける。

そして12月20日から1月18日までは，開業準備中で失業状態にはなかったにもかかわらず，基本手当を不正に受給したということから，すでに受給した基本手当を返還することの処分を受けました。

そこで，開業準備中は失業しているとはいえないのか，また故意に不正受給をしたのではないのに基本手当は支給されないのか，という点についてご説明ください。

Ａ　基本手当は，被保険者が離職し，労働の意思と能力を有するにもかかわらず職業に就くことができない場合（失業の状態にある場合）に，その離職し失業している者が，公共職業安定所に求職申込を行い，失業の認定を受けることによって支給されるものです。具体的に申しますと，基本手当の支給を受けようとする者は，所定の認定日に公共職業安定所に出頭し，失業認定申告書を提出して失業の状態にあることについて認定を受けることによって基

本手当の支給を受けるわけです。

　失業認定申告書の記載内容や，また失業の認定に関して公共職業安定所の係員に話した内容に虚偽がありますと，基本手当の不正受給となることがあります。たとえば，すでに再就職しているにもかかわらず，失業していると申告して基本手当の支給を受けることは不正受給となります。

　さて，おたずねのＡさんについてですが，お手紙の内容からだけでは判然としませんが，察するところ，公共職業安定所としては，Ａさんは12月20日に食堂開業について保健所の認可を受けており，その後は食堂開業の準備に追われ公共職業安定所の職業紹介に応じる気はなくなった，すなわち，雇用保険法でいう労働の意思がなくなり失業の状態ではなくなったにもかかわらず，虚偽の申告を行い基本手当を不正に受給していたものと判断したと思われます。この公共職業安定所の判断が妥当であったか否かは，お手紙の文面からはなんとも申せません。たとえば，就職することは決定しているが，その就職予定日が相当先の日であって実際に就職するまでは，他の会社で働くことができ，公共職業安定所の職業紹介に応じられる状態にあるときは一応失業の状態にあるとして扱われています。

　ところで，公共職業安定所長が行った処分に不服のある者は，各都道府県労働局の雇用保険審査官に対して審査請求をすることができます。またこの審査請求は公共職業安定所を通じて行うこともできます。

　前述のように，お手紙の内容だけでは，Ａさんが不正受給をしたのかどうか，公共職業安定所の判断が正当であったか否か，はっきりしませんので審査請求をされるようお奨めします。審査請求の手続は簡単なものですが，これについては公共職業安定所または各都道府県労働局の雇用保険課におたずねください。

　なお，審査請求は処分のあったことを知った日の翌日から起算して３月を経過したときは，することができませんので，この点ご注意ください（労審法８条）。

③ その他　175

Q95　受給処分に不服がある場合の審査請求手続は？

　私は，公共職業安定所長から，就職の事実を届け出ないで不正に保険給付を受給したとして，不正受給処分を受け，ただちに不正に受給した保険給付を返還するよう命じられました。どうしてもこの処分に納得がいきません。このような場合，雇用保険審査官に対して審査請求ができると聞いていますが，審査請求の手続等についてお教えください。

（A）　行政庁の違法または不当な処分，その他公権力の行使に当たる行為によって，自己の権利利益を侵害された者は，行政庁に対し不服申立てをすることが認められていますが，この行政不服申立てに関する一般法として行政不服審査法があり，他の法律に特別の定めがある場合を除くほか，この行政不服審査法の定めるところにより不服申立てをすることとされています。

　雇用保険に関しては，雇用保険法および「労働保険審査官及び労働保険審査会法」に特別の定めがあり，保険給付等に関する処分については，雇用保険審査官に審査請求をし，この審査にさらに不服なときは労働保険審査会に再審査請求をすることができることとされています。なお，保険料の徴収に関する処分や雇用安定事業等に関する処分については，特別の定めがありませんので，行政不服審査法に従って，厚生労働大臣等に不服申立てをすることになっています。

　雇用保険審査官に対して審査請求をすることができる者は，被保険者資格の得喪の確認に関する処分，失業等給付に関する処分，不正受給に係る返還命令もしくは納付命令に不服のある者です。

　審査請求の手続についてご説明しますと，審査請求は，審査請求人が原処分のあったことを知った日の翌日から起算して３月以内にしなければなりません。ただし，正当な理由によりこの期間内に審査請求をすることができないときは，この限りでありません。

　審査請求は，原処分をした行政庁の所在地を管轄する都道府県労働局におか

れた雇用保険審査官に対して行いますが，原処分をした公共職業安定所長または居住地を管轄する公共職業安定所長を通じて行うことができます。書面で審査請求をしようとするときは，所要の事項を記載しなければなりません。

　口頭で審査請求をするときは，雇用保険審査官（公共職業安定所長を経由する場合は，公共職業安定所長またはそのあらかじめ指名する職員）に対して，審査請求書に記載すべき事項を陳述することになりますが，この陳述を受けた雇用保険審査官は，その請求要旨その他について聴取書を作成し，請求人に読み聞かせて，請求人とともに記名押印することとなっています。

　なお，審査請求は，口頭，書面のいかんを問わず，代理人によっても行うことができることになっていますが，この場合，委任状を提出しなければなりません。請求について証拠書類があれば，請求と同時に提出することになります。

　以上の手続により審査請求がなされたとき，雇用保険審査官により審理が行われ，その結果に基づき，審査請求却下，審査請求棄却または原処分取消しのいずれかの決定がなされます。決定があると，決定書の謄本が審査請求人に送付されます。

Q96 個人番号法施行に伴い，雇用保険に関する手続の変更内容は？

平成28年1月1日からいわゆる個人番号法が施行されましたが，雇用保険関係については，個人番号はどんな書類に記載が必要なのでしょうか。

Ⓐ　いわゆる個人番号法（行政手続における特定の個人を識別するための番号の利用等に関する法律）で，雇用保険法上行政機関等が個人番号を利用できる範囲は，個人番号法別表第1第57号に規定されています。それによると，「雇用保険法による失業等給付の支給又は雇用安定事業若しくは能力開発事業の実施に関する事務であって厚生労働省令で定めるもの」となっています。

③ その他　177

　現在，次の書類が個人番号を記載しなければならない書類です。なお，個人番号を被保険者番号と紐付けするため，届出書類にはそれぞれ併記することになります。

事業主等が提出する書類	本人が提出する書類
a．被保険者資格取得届 b．被保険者資格喪失届 c．高年齢雇用継続給付受給資格確認票・（初回）高年齢雇用継続給付支給申請書 d．育児休業給付受給資格確認票・（初回）育児休業給付金支給申請書 e．介護休業給付金支給申請書 ※c～eについては，本人が提出する場合もあります。その場合も個人番号を記入します。	a．被保険者資格離職票─１ b．教育訓練給付金支給申請書 c．教育訓練給付金及び教育訓練支援給付金受給資格確認票 d．日雇労働被保険者資格取得届 e．未支給失業等給付請求書

　また，雇用継続給付の支給申請を行う事業主は，個人番号法において「個人番号関係事務実施者」として取り扱われるため，事業主自身が従業員の個人番号確認と身元確認を行うことになり，ハローワークへ代理権の確認書類や個人番号の確認書類を提出する必要はありません。

　　※「個人番号関係事務実施者」とは，個人番号関係事務を処理する者及び個人番号関係事務の全部又は一部の委託を受けた者（個人番号法２条13項）で，個人番号を用いて本人を特定した上で申請，届出等の手続を行う者です。実質的には，他人の個人番号を記載した書面の提出その他個人番号を利用した事務を行う者ということになります。

　個人番号を取得する際には，個人番号確認と本人確認を事業主等が行わなければなりません。その場合，次の書類にて本人確認を行います。

番号確認	本人確認
個人番号カード 個人番号通知カード 住民票記載事項証明書（個人番号が記載されているもの）	次の①～③のいずれかの書類 ①　以下の書類のうちいずれか１つ ＊運転免許証　＊運転経歴証明書　＊在留カード ＊精神障害者保健福祉手帳　＊特別永住者証明書 ＊療養手帳　＊身体障害者手帳

② 以下の書類のうちいずれか1つ
  ＊写真付き身分証明書　＊写真付き社員証
  ＊官公署が発行した写真付き資格証明書等
③ 上記のものがない場合は以下の書類から2つ
  ＊公的医療保険の被保険者証　＊年金手帳
  ＊児童扶養手当証明　＊特別児童扶養手当証明等

Q97 失業等給付の受給者が死亡した場合，未支給分は誰ももらえないのか？

　私の息子は，会社の事情で退職し，失業保険を貰いながらキャリアアップしようと教育訓練講座を受け，受け終わったところでした。しかし，先日交通事故に遭い死亡してしまいました。失業保険も全部貰っていませんし，教育訓練給付も修了したばかりで，本人は「給付金が受けられる」と言っていました。親としては何ももらえないのでしょうか。

Ⓐ　雇用保険法第10条の3に，未支給の記載があり，「失業等給付の支給を受けることができる者が死亡した場合において，その者に支給されるべき失業等給付でまだ支給されていないものがあるときは，その者の配偶者，子，父母，孫，祖父母又は兄弟姉妹であって，その者の死亡の当時その者と生計を同じくしていたものは，自己の名で，その未支給の失業等給付の支給を請求することができる。」と規定しています。

　「失業等給付」とは，求職者給付，就職促進給付，教育訓練給付および雇用継続給付すべてです。ですから，基本手当はもちろん，教育訓練給付も請求できる状態にあれば，受けられます。

　未支給分を受けられる人は，上記のとおりですが，順番が決まっていて，配偶者，子，父母，孫，祖父母または兄弟姉妹の順番です。ですから生計を同じ

くする配偶者，子がいれば，父母は受けられません。配偶者については，婚姻の届出をしていないが，事実上婚姻関係と同様の事情にあった者を含みます。

支給を受けるべき同順位者が2人以上あるときは，その1人のした請求は，全員のためその全額につきしたものとみなし，その1人に対してした支給は，全員に対してしたものとみなされます。

手続ですが，「未支給失業等給付請求書」の提出のほか，失業等給付の種類により，申請に必要な書類があります。

その他に，請求者が権利者であることの証明として，下記のような書類が必要です。

① 死亡診断書（死亡の事実，死亡年月日等の証明）

② 戸籍謄本等（死亡者との続柄の証明）

③ 住民票記載事項証明書等（死亡者と生計を同じくしていたことの証明）等

請求期限は，死亡した日の翌日から6カ月以内です。

第3編
労働保険徴収法

182 第3編 労働保険徴収法〔Q98〕

① 適 用 関 係

Q98 事業の種類を異にする2つの事業を行う建設業の労災保険率は？

当社は建設会社ですが，労災保険の適用についてお尋ねします。
1つの請負工事の中に，ずい道施工部分が4割，開削施工部分が6割ある場合，ずい道部分と開削部分とは自ずから施工方法も異なり作業員も区分され，災害発生の危険度も違うことから，2つの事業の保険関係を別々に成立させることはできないでしょうか。

また，建設工事における事業単位の一般原則に，「完成されるべき工作物または主たる作業の内容によって事業の単位を区分する」とありますが，この意味がよくのみこめません。

具体的にどのようなことを意味するものか説明してください。

A 建設事業の事業単位については，昭25・8・26基収第1161号通達で，次のような取扱いが示されています。

「請負による土木建設事業において，2種以上の事業（保険料率に掲げる事業）を包含し，各事業毎に請負金額または使用労働者が区分されることのみをもって直ちにそれぞれ独立した事業とは認め難く，それぞれの規模，あるいは関連性を勘案して決定することが肝要である。」としています。

また，学校の建設事業の例について，「学校建設事業における運動場を含む敷地の造成が，校舎と従属性を有する小規模のものであり社会通念上校舎の付

属物の建設と認められる場合において，例え請負金額，使用労働者が区分され，またそれぞれが異なる業者の手で行われても建築事業として取り扱うべきである。」としています。

先の取扱通達は，建設事業における適用の一般原則ともいうべきものですが，建設事業に限らず，労災保険法は，第3条によって労働者を使用する事業に対して適用されるものですから，問題は，事業とは何かということが根本ということになります。

事業の意義については「継続事業にあっては，一定の場所において或る組織のもとに相関連して行われる作業の一体をいい，有期事業にあっては，一定の目的を達するために行われる作業の一体」と解釈されています。したがって，ご質問の事例もこのような観点から考えるべきでしょう。前記の建設事業における適用の一般原則ともいうべき通達もそのような考え方に基づくものです。

前述のとおり，労災保険は事業について適用があるもので，保険率は事業の種類によって決められているのですから，1つの事業に対して1つの保険率が適用されるべきもので，1つの事業をさらに数種の事業単位（作業単位）に分けて，それぞれの保険率を適用するという方法は適用の原則から外れます。保険率適用区分について「1事業1保険率の原則」ということは通達でも明示されています。さらに，建設事業はほとんどが請負契約によって行われるものであり，請負契約ごとに1つの事業として扱うという考え方も通達で示されていることからも，ご質問のように2つの事業の種類を適用して，保険関係を成立させることは，理論的に正しいとは思われません。

ご質問の第2点めについてです。「完成されるべき工作物」とは，主たる製品，完成物により事業単位を区分することで，たとえば水力発電建設事業における発電機の据付事業というようなものです。「主たる作業の内容」とは作業の内容により事業単位を区分することで，たとえば土木建築事業におけるほ装土木事業のように事業の目的に関係なくその事業の作業内容等によって，事業の種類が決められるものです。完成物による保険料率の適用は目的料率による方法で作業内容による保険料率の適用は実態料率による方法ということになります。

すなわち，「事業の種類」の分類を大別すると，製品または完成物によるも

184　第3編　労働保険徴収法〔Q98〕〔Q99〕〔Q100〕

の（目的料率）と作業内容によるもの（実態料率）とに分けられるということ
です。なお，各工事（ずい道施工と開削施工）が相当独立性を有すると認めら
れれば，各工事については，賃金総額，保険料をそれぞれ区分して適用してよ
いとされています。ご質問の件では関連性はありますが，場所的にも独立性を
有すると判断するのは難しいようです。

Q99 機材を運び込む途中の事故の労災適用は元請けか下請けか？

　当社は主に土木工事を行う建設業者です。8月の半ばに，ある元
請業者の請け負った土木工事の下請けとして整地作業をすることに
なり，建設機械を現場に運搬する作業をT運送会社に依頼しました。
　当社の技術員Sが車に同乗しましたが，現場に建設機械を運搬す
る途中，T運送会社の運転手が運転を誤りガードレールに追突した
ため，荷台の機械と同乗していた当社社員Sが崖下に転落し，Sは
機械の下敷きになり死亡しました。
　この場合，労災保険はどうなりますか。元請けの保険が適用され
るのか，当社の保険が適用されるのか，ご説明願います。また，自
動車損害賠償責任保険の適用が受けられるのか，その点についても
ご説明願います。

Ⓐ　労災保険は元請けの保険が適用されるべきものと思われます。
　このような場合には，まず事業というものが何であるかという，原則
に立ち戻って考えるべきです。昭和25年の通達で，「事業とは，一定の場所に
おいてある組織のもとに相関連して行なわれる作業の一体であり，土木建築事
業の事業単位については，2種以上の工事を包含し各工事毎に請負金額又は使
用労働者が区分されることのみをもって直ちにそれぞれ独立した事業とは認め
難く，それぞれの規模あるいは関連性を勘案して決定することが肝要である。
1つの工事が主たる事業とみなされる場合において，これに従属する附属作業

1 適用関係　185

について，たとえ他の業者が請負ったとしても施行時期が殆ど同時である限り，すべて主たる事業として取扱うべきである」（昭25・8・26基収1161）とされています。

　この事業についての原則的解釈から考えれば，貴社がＴ運送会社に依頼して建設機械を元請けの行う建設現場に運搬しようとしたのは，元請けの行う建設事業のためのものであって，いわば元請けの行う作業の附属作業とみるべきものですから，元請けの労災保険が当然に適用されるべきものと考えられます。

　次に，自動車損害賠償責任保険の適用の有無についてです。

　この事故の場合は，自賠責保険は適用されるものと思われます。というのは，自動車損害賠償保障法第３条に「自己のために自動車を運行の用に供する者は，その運行によつて他人の生命又は身体を害したときは，これによつて生じた損害を賠償する責に任ずる」とあり，「運行」とは，本来自動車が使用されている間であって，貴社のＳさんの場合の死亡事故はＴ運送会社の運転手の運転ミスによって生じたもので，自動車の運行によって生じた損害と認められますから，自賠責保険の適用が当然行われるべきものです。

Q100 有期事業のうち，一括される要件は何か

当社は，主に住宅のリフォーム等を請け負っている工務店です。労災保険の手続について変更があると聞きました。変更内容を教えてください。

Ⓐ　貴社の事業は，比較的規模の小さな建設の事業（一括有期事業）でしょうか。それを前提に説明します。

　有期事業のうち，一括有期事業の対象になる要件の概要を説明します。基本的に次の要件のすべてに該当した場合に一括されます。

①　事業主が同一であること

②　それぞれの事業が事業の期間が予定される事業であること

186 第3編 労働保険徴収法〔Q100〕〔Q101〕

③ それぞれの事業の概算労働保険料を算定することとした場合に，160万円未満であること。かつ，立木の伐採の事業の場合は，素材の見込生産量が1,000立方メートル未満であり，建設の事業の場合は請負金額が1億8千万円未満であること等

その他に地域的な要件（事務所の所在地を管轄する都道府県内で行われる事業と，その都道府県に隣接する都道府県と厚生労働大臣が指定する都道府県内で行われる事業に限定）がありましたが，平成31年（2019年）4月にこの地域的要件は削除されました。

Q101 一括有期事業の場合，賃金算定は請負金額のみによるのか？

　労働保険の有期事業の一括扱いについてお尋ねします。徴収法第7条第3号の厚生労働省令で定める規模以下の事業について，徴収則第6条で「概算保険料の額に相当する額が160万円未満で建設事業の場合にあっては請負金額が1億8,000万円未満のものであること」と定められていますが，この規定の仕方は，有期事業の一括扱いは保険料の算定が徴収則第13条により請負金額によらなければならないことを予定しているものなのでしょうか。

　徴収法第11条第1項および徴収則第13条によると保険料の算定は，有期事業の場合でも賃金総額によるのが原則だと考えられるのですが，ある労働局では請負金額によって保険料を算定しなければ同法第7条の有期事業の一括扱いは認められないというのです。このような見解は正しいのでしょうか。

Ⓐ　ご質問の有期事業の一括扱いの場合，徴収法第7条および徴収則第6条の規定によっても保険料の算定が請負金額を基とした賃金総額によるという解釈は理由があるとは思われません。

　徴収則第12条では「徴収法第11条第3項の厚生労働省令で定める事業は，

……次の各号に掲げる事業（請負による建設の事業等）であって，同条第1項の賃金総額を正確に算定することが困難なものとする」と規定されています。

　このことは保険料の算定は通常の賃金総額によることが原則であって請負金額に基づく賃金総額によるのは特例であることを示しています。この一括扱いは，労働保険料の額に相当する額が160万円未満であると同時に請負金額が1億8,000万円（消費税等除く）未満であることを条件としているところに解釈の混乱が生じたものと思われます。

　たしかに，「一括有期事業報告書」（様式7号甲）では請負金額によることを強制しているように思われます。しかしながら，それは行政当局の事務上の都合によるものと解釈してよいでしょう。

　なぜならば，様式を問題にするならば，基本の「概算・増加概算・確定保険料申告書」（様式6号）の概算保険料の欄には，有期事業一括扱いの場合についてとくに請負金額を記入するようには示されていないからです。

　請負金額による方法は，有期一括扱いの場合も単独有期の場合も事務処理上簡便ではありますが，それは法的に義務づけられていないのです。

188　第3編　労働保険徴収法〔Q102〕

Q102 機械メーカーが据付工事を行った場合，労災保険の取扱いは？

　当社は冷暖房機械のメーカーです。従来は製造のみでしたが，最近は依頼があれば据付工事も行うようになりました。たまたま，冷房機械の据付工事を監督していた当社の社員Aが，機械に挟まれ，右手指を切断したので，当社の労災保険で請求しましたところ，「工事分として保険関係を成立させていなかった」という理由で問題になっています。

　当社は建設業者の認可も受けていないので，据付工事といっても機械の販売に伴うサービスと考え，とくに工事として請け負ったものでなく，経費は販売価格の中に含まれているのです。

　このような場合でも，工事として労災保険を別に掛けなければならないのでしょうか。そうとすれば，当社は新たに建設業者の認可を受け，定款も変えなければならないと思うのですが。なお，工事分を下請けさせたときはどういう扱いになるのでしょうか。

Ⓐ　労災保険が事業について適用されるものであることはご承知と思いますが，ご質問の場合，冷暖房機械製造の事業とその据付けの事業（工事）とでは事業が異なるわけです。一方は製造事業という継続のもので，一方は建設工事という有期事業なのです。労働保険の適用の考え方として，継続事業と有期事業は区分されているのです。

　したがって，機械の据付工事については，有期事業として保険関係を成立させなければならないということになります。そして，それらの工事が徴収法第7条に該当するものであれば有期事業の一括扱いとなり，継続事業と同様に，保険年度ごとに，その保険年度の6月1日から40日以内（年度の中途に保険関係が成立したものについては保険関係成立の日から50日以内）に，労働保険料の申告・納付手続をすることになります。しかし，貴社が元請けとして行う据付工事が，有期事業の一括扱いに該当しないものであれば，そのつど有期事業として保険関係を成立させなければなりません。

なお徴収法第7条による一括扱いに関連して，徴収則第6条の規定で一括される事業は「厚生労働大臣が指定する種類の事業以外の事業」にあっては一定の範囲とされ，「厚生労働大臣が指定する種類の事業」においては範囲に規制はありません。その厚生労働大臣が指定する事業として「機械装置の組立てまたは据付けの事業」が告示で指定されています。これは機械装置の組立てまたは据付けという建設事業についての有期事業の一括扱いは，その行う地域に制限がないということであって，機械装置の製造業者が組立てまたは据付工事について有期事業としての保険関係を成立させなくてもよいということを定めているものではありません。

次に，貴社は機械の据付けは販売に伴うサービスとして行ったもので，工事の分は販売価格の中に含んでいるという問題ですが，それは貴社の内部の取扱いで，労災保険上の取扱いとしては，機械製造と工事との分を別々に保険関係を成立させなければならないのです。建設業法によれば，国土交通大臣あるいは都道府県知事の承認を得なければ建設の事業を営むことができないことになっており，貴社が据付工事を行う場合は，建設業者として登録承認を受けなければならず，したがって，会社の定款も当然に変更しなければならないということになります。

建設業者として認められていないものが工事を請け負うこと自体違法というべきで，下請けに請け負わせたとしても元請けの責任が消えるものではなく，労災保険は元請けが保険関係を成立させるべきですから，工事を行う以上は定款を変更し，建設業者の登録をしておかなければなりません。そうでなければ，貴社は機械の据付工事を行わず，専門の建設業者に任せるべきです。

なお，労働者Aの災害について労災保険の給付は受けられます。

190 第3編 労働保険徴収法〔Q103〕

Q103 製造業における下請負業者は労働保険に加入できるのか？

当社は，ある鉄骨製造会社の下請けとして鉄骨組立を行っているものですが，労災保険と雇用保険の取扱いに支障が生じましたのでご教示ください。

当社の行う仕事は，鉄骨組立作業を当社の工場でするものです。したがいまして，建設事業ではなく，金属製品製造業として労災保険が適用されています。当社の労働者は10人で，他に当社の下請けとして個人経営の業者5人ないし7人が当社の工場で仕事をしています。これまでは，これらの者を含めて当社1本で労災保険の加入をしていたのですが，これらの下請業者も雇用保険に加入しなければならないのでしょうか。

労災保険でこれまで支給を受けたこともあるので必要はあるとは思うのですが，雇用保険が下請けの業者に適用されることはないと思うので疑問が生じた次第です。

Ⓐ ご質問によれば，これまでの労働保険適用が間違っていたのではないかと思われます。

貴社直属の労働者については問題はないのですが，貴社の下請業者を貴社の労働保険に含めて扱っていたのは誤りと思われます。貴社とその下請業者との契約関係が明らかでありませんが，いわゆる出来高給的関係の雇用契約でなく全くの請負契約によるものであれば，それらの下請業者は労働者ではありません。したがって，貴社の労働保険に含めるものではないのです。どういう事情で，そのように扱っていたのかわかりませんが，便宜的にそうしていたのではないでしょうか。

いうまでもなく，労働保険の適用がある労働者として扱われる者は使用従属関係にあると認められるものだけであって，下請負業者はいわゆる一人親方であって，契約当事者として自ら請け負った仕事の完成について責任を負うもので労働者とは認められないというのが定説です。その解釈の範囲を広くできる

かどうかは，契約の内容いかんであって，その契約に出来高払い給的な面が強ければ労働者と扱われるということになります。

ともかく，貴社とその下請業者との契約関係を通常の請負契約であるとして考えてみますと，すでに述べたとおり，これまでの労災保険適用は誤っていたということになりますから，新年度からは下請業者の分は外して労働保険の手続を行うべきです。そして，その下請業者自体が労働者を使用しているときは，下請業者が事業主として別個に労災保険加入の手続をしなければなりません。

下請業者が労働者を使用しておらず一人親方的存在であるときは，業種が厚生労働省令（労災保険則46条の17）で定める事業に該当しないので，労災保険に加入することはできません。特別加入をすることのできる一人親方，その他の自営業者は，次に掲げる種類の事業を，労働者を使用しないで行うことを常態とする者に限られているからです。

- a　自動車を使用して行う旅客または貨物の運送の事業
- b　土木，建築その他の工作物の建設，改造，保存，原状回復，修理，変更，破壊若しくは解体またはその準備の事業
- c　漁船による水産動植物の採捕の事業（gに掲げる事業を除く）
- d　林業の事業
- e　医薬品の配置販売の事業
- f　再生利用の目的となる廃棄物等の収集，運搬，選別，解体等の事業
- g　船員法第１条に規定する船員が行う事業

ご質問の下請けとしての個人経営の業者は，金属製品製造業を行うものであって，上のいずれにも該当しませんので，いわゆる一人親方として特別加入はできないわけです。いずれにしても，このように労働保険の適用をはっきりすることによって，雇用保険加入の必要の有無はすっきり解決すると思います。

ところで，問題が２つ残るわけです。つまり，これまで誤りのまま納入していた下請業者の分の保険料と下請負業者の事故についての補償をどうするかということです。第一の保険料の点は，新年度の年度更新の際，旧年度分は確定申告で精算すればよく，前々年度分については返還請求をして返して貰う手続をすればよいと考えられます。第二の，労働者を使用していない下請業者の労災保険加入は，特別加入者として認められていないのですから，労災保険では

192　第3編　労働保険徴収法〔Q103〕〔Q104〕

救済の方法がなく，民間の事業主災害補償保険等に加入するほかないでしょう。

Q104 建設事業において下請負人を事業主とした場合，元請負人にはどんなメリットがあるのか？

　労働保険徴収法で請負金額が1億8,000万円以上か概算保険料に相当する額が160万円以上の建設事業の場合は，申請により労働局長の承認を受けて下請負人を事業主とすることができるとあります。

　この場合，元請負人にはどんなメリットがあり，また，元請負人は徴収法上どこまで責任があるかについて教えてください。

Ⓐ　ご質問の元請負人のメリットとは，下請負人を労災保険法上の事業主として承認を受けた場合，元請負人にどのような「利害関係」があるか，ということにあるものと考えられます。以下に利点と難点を分けて説明します。

　ア　利点

　これには(A)保険料負担の軽減，(B)保険関係事務量の減少，(C)メリット保険料額の軽減（いずれも元請負人の直営または直轄工事部分がある場合として）などの例があげられます。

　(A)の場合，下請負人を労災保険の事業主とするときは，本来，元請負人が負担すべき保険料の納付義務（徴収法8条1項）を下請負人に引き受けさせることです（同条2項）。ですから，その引き受けさせた部分に相当する額だけ保険料の負担額が軽減するのはいうまでもありません。

　また(B)の場合，下請負人は労災保険の独立した事業主ですから，その使用する労働者についての労災保険関係一切の事務は，当該事業主自らが処理すべきものです。したがって，その部分だけ元請負人の事務量が減少するのは当然のことです。

　(C)については，下請負人を労災保険の独立事業主としない場合，統一的

万全な安全衛生管理がとかく困難となりがちになり、労働災害の発生（保険給付事故の発生）の率が高くなります。もし事故が起きると、元請負人が納入すべき保険料の額がメリット保険料制により、40％の範囲内で引き上げられるおそれがあります。

しかし、下請負人を労災保険の独立事業主とした場合は、その部分が元請負人のメリット保険料制度におよばないことになります。ですから、元請負人直営または直轄工事部分について、安全衛生管理を徹底しその実績をあげれば、40％の範囲内で納付すべき保険料が引き下げられるという好結果を期待できる可能性が生じます（以上、徴収法20条の規定）。

イ　難点

とくに元請負人としての難点というべきものはありません。強いていうなら、下請負人に労災保険料の納付義務を引き受けさせる承認を求めるための事務手続が面倒であるという程度なのです。

元請負人の補償責任についてみると、下請負人を労災保険の独立事業主とすることの承認を受けた以上、その使用する労働者の保険事故に対する補償給付はすべて下請負人たる事業主の責任に属します。したがって、仮に元請負人に対し補償給付の請求があり、または当該補償給付を上回るいわゆる"上積み補償"の請求があったとしましても、元請負人としては、補償責任を引き受けた下請事業主に請求するよう催告すればよいわけです（労基法87条3項）。

なお、同項ただし書の規定によりますと、「下請負人が破産手続開始の決定を受け、又は行方が知れない場合においては、この限りでない」としています。

Q105 継続事業の一括を申請するための要件は何か？

当社は，お菓子の販売を行っている会社です。支社が5カ所ほどあります。労働保険をそれぞれの支社で行っているのですが，業務効率を改善すべく，労働保険関係を一括したいと考えております。どのように行えばよろしいのでしょうか。

継続事業の一括申請をするための要件は，下記のとおりです。

① 事業主が同一であること（法人の場合，同一法人であること）
② それぞれの事業が継続事業であり，保険関係が成立していること（申請時に成立することでも構わない）
③ それぞれの事業が，次のいずれかの区分が同一であること
　(イ) 二元適用事業であって，労災保険が成立している事業
　(ロ) 二元適用事業であって，雇用保険が成立している事業
　(ハ) 一元適用事業であって，労災保険と雇用保険が成立している事業
④ それぞれの事業が，労災保険率表における「事業の種類」が同じであること

上記①～④のすべての要件に該当し，一括したい事業所（「指定事業所」という。例えば本社）を管轄する労働基準監督署に「継続事業一括認可申請書」を提出し，許可されれば一括することができます。

貴社の場合，支社もすべて，「事業の種類」はお菓子の卸売りでしょうか。それならば，問題なく，すべての支店を一括することもできます。しかし，お菓子の製造も行っている場合は，製造工場については，「事業の種類」が「食料品製造業」でしょうから，製造工場については一括することができません。製造工場だけを一括するのでしたら可能です。

なお，一括された場合は，被一括事業所（例えば，支店等）の保険関係は消滅しますので，確定保険料申告書を提出し，保険料の精算をする必要があります。指定事業所については，概算保険料が増えることになりますから，増加概

1 適用関係　195

算保険料申告書を提出して概算保険料を納付する必要が生じるかもしれません。

　また，メリット制の適用の有無等については，指定事業所にて算定すること
になります。

Q106　新年度から，手続は電子申請でなければ受け付けてもらえないのか？

　当方，労働保険の適用事業所ですが，2020年4月から各種手続が電子申請でなければならないと聞きました。本当でしょうか。目下，手続できるような社員もいません。

A　すべての適用事業所の手続が，電子申請でなければならないわけではありません。電子申請が義務になる法人については，Q60を参照してください。

　労働保険の保険料の徴収に関する届出については，継続事業（一括有期事業を含む）を行う事業主が提出する次の書類は，電子申請で行わなければなりません。

① 年度更新に関する申告書

　（概算保険料申告書，確定保険料申告書，一般拠出金申告書）

② 増加概算保険料申告書

　貴社が電子申請が義務になる対象の法人に該当しないのであれば，電子申請で行わなくても構いません。

196　第3編　労働保険徴収法〔Q107〕〔Q108〕

② 一般保険料

Q107 財産形成貯蓄奨励金は，労働保険料の算定基礎となる賃金総額に含めるべきか？

　当社では，財産形成貯蓄奨励のため，一定額を奨励金として支給しています。就業規則にも規定して支給しています。そのため，労働保険料を計算するときに賃金総額の中に算入しているのですが，疑問が生じましたので教えてください。

A　いわゆる労働者分の労働保険料は，賃金総額に一般保険料率を乗じて算出します。その賃金の定義については，徴収法第2条に，「『賃金』とは，賃金，給料，手当，賞与その他名称のいかんを問わず，労働の対償として事業主が労働者に支払うもの（通貨以外のもので支払われるものであつて，厚生労働省令で定める範囲外のものを除く。）をいう。」と規定しています。

　そこで，労働基準法との関係ですが，基本的な定義は徴収法と同じです。ところが，労働契約において，予めその支給が約束されているものは賃金とし，結婚祝金や災害見舞金等の恩恵的給付は原則として賃金とみなさないとしながら，「労働協約・就業規則等によって予め支給条件の明確なものは賃金である」としています（昭22・12・5基発452）。

　しかし，徴収法では，「結婚祝金，死亡弔慰金，災害見舞金等個人的，臨時的な吉凶禍福に対して支給されるものは，労働協約等によって事業主にその支給が義務づけられていても，これを賃金としては取り扱わない」（昭25・2・16

② 一般保険料　197

基発127号）としています。

　また，財産形成貯蓄等のための事業主が負担する奨励金等については，「事業主が労働者の福利増進のために負担するものと認められるから賃金として取り扱わない」（昭50・3・31労発徴15号）としています。

　したがって，ご質問の財形貯蓄のために一定の額または率を事業主が負担しても，労働保険料の算定基礎額である賃金総額に含める必要はありません。

Q108　労基法26条の休業手当は賃金総額に含めるのか？

　当社は製造業を営んでいますが，先日から1週間程，業者からの材料が調達できず休業したため，休業手当を支払いました。年度更新にあたり，休業手当を賃金総額に含めるべきか否か疑問が生じましたので，お尋ねします。

Ⓐ　労働基準法第26条は，「使用者の責に帰すべき事由による休業の場合においては，使用者は，休業期間中当該労働者に，その平均賃金の100分の60以上の手当を支払わなければならない。」と規定しています。

　ところで，民法第536条第2項で「債権者（事例では使用者）の責めに帰すべき事由によつて債務を履行することができなくなつたときは，債務者（事例では労働者）は，反対給付（事例では賃金）を受ける権利を失わない。」と規定されています。しかし，この規定は両当事者の合意により排除することができます。

　とかく労働者の方が弱い立場である労働契約において，この規定の排除特約を締結してしまうと労働者保護の観点から適切ではありません。そこで，労基法という強行法規で，少なくとも平均賃金の100分の60は保障する趣旨で規定されたものです。したがって，使用者の責めに帰すべき事由による休業の場合の休業手当は賃金になり，労働保険料の算定基礎である賃金総額に含めなければなりません。

Q109

現物給与を支給した場合，賃金総額に算入すべきか？　その時の評価額は？

当社では，社員に対して通貨による給与の他に，昼食を支給しています。今まではその昼食について賃金総額にどのように算入したらよいのかわからず，無視していましたが，疑問が生じましたので，教えてください。

A　労働保険料の算定基礎となる賃金総額に算入すべき賃金は，徴収法第2条第2項に，「『賃金』とは，賃金，給料，手当，賞与その他名称のいかんを問わず，労働の対償として事業主が労働者に支払うもの」と規定されています。また，第3項では，「賃金のうち通貨以外のもので支払われるものの評価に関し必要な事項は，厚生労働大臣が定める」としています。そして，食事と住居に関して，都道府県ごとに評価額が告示され，令和2年4月1日から適用されています（令2・3・13厚労省告示第73号）。

したがって，貴社が社員に昼食を支給しているのであれば，1人1日当たりの昼食についての評価額を基準に，支給分を賃金総額に算入することになります。評価額の適用に関しては，貴社において事業所が別の都道府県にもあるような場合，仮に事業所の一括がなされていても，一括している指定事業所のある都道府県の評価額で賃金総額を算定するのではなく，実際の勤務地が属する都道府県の評価額を適用して賃金総額を算定するように平成25年4月から取扱いが変更になりました。

ところで，昼食に関し，労働者から代金を徴収している場合は，その徴収額が公示額の3分の1以下であるときは，徴収金額と公示額との差額部分については，これを賃金とみなすことになっています（昭22・12・9基発452，平24・1・31基労徴発131の2）。結果的に3分の1を超えるような額を徴収している場合は，賃金総額に算定する必要はなくなります。

②　一般保険料　199

Q110 建設業の有期工事における保険料延納の仕方は？

　　建設業の有期工事において，労働保険料の分割納付の方法についておたずねします。

　　例1　工事期間 令2・5・1～令2・11・30 保険料 90万円

　　例2　工事期間 令2・3・1～令2・10・30 保険料 80万円

　　例3　工事期間 令2・2・1～令2・12・30 保険料 95万円

　　例1，2，3の分割回数と納付期限をご教示願います。

　　なお，有期工事の場合，保険関係の成立より20日以内に保険料を納付するようになっていますが，これはどのように解せばよろしいのですか。

Ⓐ　労働保険の保険料は，原則として，一時にその全額を納付することになっており，有期事業の場合には，工事を開始（保険関係が成立した日）した日の翌日から20日以内に納付しなければなりません。しかし，概算保険料の額が75万円以上であって，かつ，工事の全期間が6カ月を超える事業にあっては，事業主の申請によって延納，いわゆる分割納付が認められます。

　その方法は，最初の期分については，保険関係成立の日の翌日から起算して20日以内に，

　4月1日から7月31日までの分は3月31日までに，

　8月1日から11月30日までの分は10月31日までに，

　12月1日から翌年3月31日までの分は翌年1月31日までに納付しなければなりません。

　なお，各期の中途で保険関係が成立した事業については，成立した日からその日の属する期の末日までを最初の期とし，最初の期の期間が2カ月以内のときは次の期の4カ月と合わせた期間を最初の期とします。

　以下，ご質問の設例にお答えします。

　【例1】　保険関係成立が5月1日で，保険関係消滅が11月30日ですから，第1期（5月1日～7月31日），第2期（8月1日～11月30日）の2期に分

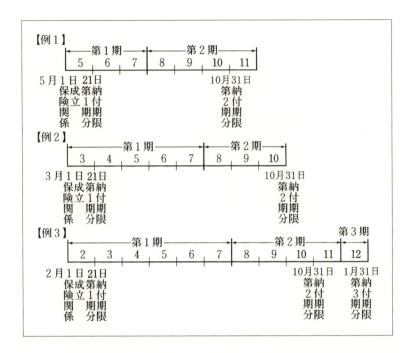

けられ，概算保険料の額90万円をその期の数である2で除した額45万円が各期の納付額となり，第1期分は5月21日，第2期分は10月31日が納付期限です（図例1参照）。

【例2】 保険関係成立が3月1日で，期の末日である3月31日まで1カ月しかないので，次の期と合わせて第1期（3月1日〜7月31日），第2期（8月1日〜10月30日）の2期に分けられ，概算保険料80万円を2で除した40万円が各期の納付額で，第1期分3月21日，第2期分10月31日が納付期限です（図例2参照）。

【例3】 同様に，保険関係成立が2月1日ですから，期の末日までが2カ月以内のため次の期と合わせて第1期（2月1日〜7月31日），第2期（8月1日〜11月30日），第3期（12月1日〜12月30日）の3期に分けられ，概算保険料の額95万円を3で除した額が各期の納付額で，1円未満の端数があるときは，その端数を第1期分に加えますので第1期分31万6,668円，第2期分31万6,666円，第3期分31万6,666円となります。納付期限は，第

1期分2月21日，第2期分10月31日，第3期分1月31日です（図例3参照）。

　有期事業の場合，保険関係の成立の日の翌日から起算して20日以内に保険料を納付するとは，工事を開始した日の翌日から20日以内に納付することで，全額一時に納付する場合はもちろんのこと，事業主の申請によって延納する場合でも，第1期分（最初の期の分）は20日以内ということです。

　ついでに，継続事業の場合を説明しておきますと，事業を開始した日（保険関係が成立した日）の翌日から起算して50日以内に概算保険料を納付しなければなりません。しかし，概算保険料の額が40万円（労災保険または雇用保険の保険関係のみ成立している場合は20万円）以上であって，かつ，9月30日以前に保険関係が成立した事業にあっては，事業主の申請によって上記のように3回または2回の延納いわゆる分割納付が認められます。

(1)　4月1日から5月31日の間に保険関係が成立した場合

　　最初の概算保険料を保険関係成立の日の翌日から起算して50日以内に，2回目の保険料を10月31日までに，3回目の保険料を翌年1月31日までに納付することになります。

(2)　6月1日から9月30日の間に保険関係が成立した場合

　　最初の概算保険料を保険関係成立の日の翌日から起算して50日以内に，2回目の保険料を翌年1月31日までに納付することになります。

　労働保険事務組合に労働保険事務の処理を委託している事業主には，概算保険料の額の多少にかかわらず延納が認められ，かつ，10月31日までまたは1月31日までの納期限について，それぞれ11月14日または2月14日までを納期限とすることができるとされています。

202　第3編　労働保険徴収法〔Q111〕

Q111 下請負事業分離承認の場合の保険料率は元請けのものか下請けのものか？

　当社は従業員約800名，全国に20の支店，代理店をもつ建設会社です。労災保険の請負金額による保険料算定について次のような疑義が生じましたのでお尋ねします。

　A会社が化学工場を新設することになり，T建設が元請けでいっさいの工事を施工することになりました。当社はT建設の下請けとして冷凍装置の据付工事を約1億9,000万円で請け負うことになり，徴収法第8条第2項の下請負承認申請をしました。ところが，保険料について疑問が生じました。この場合の保険料率は，元請けの「建築事業」の料率1,000分の11になるのか，「機械装置の組立てまたは据付けの事業」の料率1,000分の6.5になるのか，どちらをとるのでしょうか。

　保険料率の考え方として，1事業1料率ということが原則ということですが，元請けと同じ保険料率だという者と，単独の事業として下請け独自の料率が決定されるという者がいます。この場合，下請部分は1事業として取り扱われるのでしょうか。

Ⓐ　はじめに，次のような通達が出されていることをご承知ください。
　「徴収法第8条第2項により，数次の請負いによる建設の事業において，下請負業者が事業主となる場合，下請負業者の請負いにかかる工事についての保険料率は，同法第8条第2項が適用されない場合に元請負業者について適用されるはずであった事業の保険料率が適用される」(昭30・9・2基発571)。この取扱通達は，ご質問にもある1事業1保険料率適用の原則に基づくものと解釈されます。

　つまり，ご質問の事例では，元請けのT建設が化学工場建設という建築事業を請け負い，その建築事業の一部である機械の据付工事を下請負の貴社に発注したのですから，下請負の貴社が行う機械の据付工事は元請負T建設の行う建築事業全体の一部であって，事業全体が，建築事業であると認められる以上下

請負の貴社が行う工事の保険料率は建築事業の保険料率が適用されるということになるのです。

　もちろん，ご質問の場合，元請負のＴ建設が機械の据付工事部分について別途工事として請け負っているのであれば，その工事を下請承認で貴社が行うときは当然に「機械装置の据付けの事業」の保険料率が適用されるわけです。

　上のような取扱い解釈は，徴収法第８条第２項の規定あるいは徴収則等からは必ずしも納得できるとは思われませんが，行政の実際問題としては便宜上であっても取扱いを一定しておく必要があるということになるのでしょう。

　すなわち，場合によって，たとえば，下請承認の事業がご質問のように元請けの行う事業の保険料率より高いものであっても，下請負の行う工事について高い保険料を徴収できないことにもなるのです。

　前記の説明は全く筋を通した解釈ですが，実際は必ずしもそのように取り扱われていないかもしれません。なぜならば，「下請負人を事業主とする承認申請書」の様式が，元請負人の請負に係る事業の種類と引受下請負人の請負に係る事業の種類とを区別して記入するよう定められていることもあって，はじめに掲げた取扱通達が出されているにもかかわらず，実際の取扱いが区々になっていないかと心配されるのです。

　土木建設事業の保険料率の適用については，分割発注と一括発注とを同一に取り扱うこと，完成されるべき工作物ないし主たる作業により事業の種類を分類すること等の取扱い原則ともいうべきものが示されています（昭25・8・26基収1161）。

　しかしながら，これらの解釈は徴収法第８条第２項との関連では必ずしも十分に理解できないように思われます。

　しかも，徴収法第８条第２項の末尾，「当該下請負人を元請負人とみなして……適用する」という文言からみれば，下請承認の下請事業主が行う事業については独立の事業としてその事業の行う保険料率が適用されて然るべきという解釈も成り立つと認められるからです。

204　第3編　労働保険徴収法〔Q112〕〔Q113〕

Q112 下請負事業分離承認の場合の保険料の算定の仕方は？

　元請けが，徴収法第11条によって保険料を算定すれば，下請けも元請け同様に同法第11条によって，賃金で保険料を算定しなければならないものなのか。

　反対に，元請けが徴収則第13条によって保険料を算定する場合には，下請けも徴収則第13条によって保険料を算定しなければならないものなのか。

　以上の点で疑問があります。ご教示ください。

Ⓐ　ご承知と思いますが，徴収法第11条と徴収則第13条との関係については，徴収法第11条第3項の「厚生労働省令で定める事業については……」の規定を受け，徴収則第12条で「同条第1項の賃金総額を正確に算定することが困難なもの」と限定し，徴収則第13条で請負金額に労務費率を乗じた額を賃金総額とすると規定しています。

　そして，さらにつけ加えるなら，この徴収則第13条の規定は，昭和25年3月30日労働省令第8号による改正で，徴収則第22条の2として新設されたものが，その後改正され現在に至っているもので，昭和25年の改正の理由は「事業によってはこの賃金総額を正確に算定することが困難な場合があり，紛糾を生ずることがある実情に鑑み」ということだったのです。

　以上が，ご質問に対する回答の前提となります。すなわち，ご質問については，元請けが徴収則第13条によって保険料を算定しても，賃金総額を正確に算定することができるなら，下請けが徴収法第11条によって保険料を算出してもよく，また，元請けが徴収法第11条による場合，下請けが徴収則第13条によって保険料を算定しても法令上何ら問題はないと思われます。

②　一般保険料　205

Q113

退職時の未払賃金と退職金は保険料徴収の対象となる賃金か？

　当社は，現在経営状態が思わしくないため，1月15日に退職したＡに支払うべき1月分の給料（12月21日から1月20日までの分。当社では賃金締切日から次の締切日までの間で，3分の2の日数以上在籍して退職した者に対しては，1カ月分全額を支給します）25万円と退職金200万円が2月1日現在で未払いとなっており，1月15日には退職金40万円だけを支給しました。

　この場合に雇用保険料徴収の対象となる賃金の範囲はどうなるのでしょうか。

Ⓐ　徴収法における賃金とは，賃金，給料，手当，賞与その他名称の如何を問わず，労働の対償として事業主が労働者に支払うすべてのものをいいます。そのうち，実際に保険料徴収の対象となる賃金は，被保険者として雇用された期間に対するものとして同期間中に事業主の支払義務が確定した賃金とされています。

　しかし，退職金はそもそも徴収法にいう賃金とは考えられず，したがって，保険料算定の基礎には算入されません。

　なお，未払賃金は，雇用保険の基本手当日額の決定の基礎となる賃金に含まれることとなっていますので，離職証明書については，未払賃金額を未払いである旨とともに記載することとなっています。

　以上でおわかりいただけたことと思いますが，退職者に係る賃金に関して，参考までに，離職後に決定された給与について述べておきましょう。

　よくあることですが，離職前まで遡って昇給が行われることが離職後に決定した場合のその追給分は，保険料算定の基礎に算入されません。しかし，遡って昇給することが決定したが個々人に対する昇給額が未決定のまま離職した場合において，離職後支払われる昇給差額については個々人に対して昇給をするということおよびその計算方法が決定しており，ただその計算の結果が離職時

206　第3編　労働保険徴収法〔Q113〕〔Q114〕〔Q115〕

までにまだ算出されていない場合には，事業主としては支払義務が確定したものとなりますから，保険料算定の基礎に算入されることとなります。

Q114　アルバイトの賃金を保険料の計算対象から除いた場合，追徴金が課されるか？

　先日，労働局から係官が当社にきて労災保険料の調査をしました。その調査の結果，確定保険料が5万円ほど少なく報告していたことを指摘され，さらに1割の追徴金を納めなければならないことになりました。

　当社が確定保険料の計算で誤りをしたのはアルバイトの賃金をうっかりして計算に入れなかったためで全く悪意はなかったのです。このような場合でも追徴金が課せられるでしょうか。

Ⓐ　追徴金の性格は懲罰的なものがあることは保険料の公平な負担という点からも当然です。

　追徴金が課されるのは徴収法第21条でも明らかなとおり，保険加入者が第19条第5項の規定により確定保険料またはその不足額を納付しなければならない場合で，同法第19条第5項というのは，保険加入者が確定保険料申告書を提出しないとき，またはその申告書の記載に誤りがあると政府が認めたとき，政府が算定した確定保険料全額または不足額を納付するよう保険加入者に通知し，保険加入者はその通知を受けた日から15日以内に納付しなければならないという規定です。そして，その通知は徴収則によって所轄都道府県労働局歳入徴収官名の納入告知書によって行わなければならないことになっています。

　さて，次にいかなる場合に追徴金の徴収が免除されるかという問題ですが，それは徴収法第21条第1項ただし書によって，保険加入者に天災その他やむを得ない事由があると認められる場合に限られるわけです。「天災その他やむを得ない事由」とは，地震・暴風雨等不可抗力的な出来事およびこれに類するや

むを得ない客観的な事故によるものであって，法令の不知，事業の不振によるものなどは理由にならないと考えられます。

したがって，うっかりしてアルバイトの賃金を確定保険料の基礎に入れなかった場合は，追徴金が免除される「天災その他やむを得ない事由」には該当しません。

Q115　雇用保険印紙の入手方法は？

当社では，このたび，日雇労働者を1カ月ほど雇うことになり，雇用保険印紙を準備する必要ができました。期間も短く，必要枚数も少ないので，近くの事業主から譲り受けて使用しようと考えていますがよろしいでしょうか。

また，もしそれがダメな場合は，雇用保険印紙の正しい入手方法をお教えください。

はじめに雇用保険印紙そのものと，印紙が必要になるのはどのような場合かをお答えします。

雇用保険印紙は，事業主が，日雇労働被保険者の所持する日雇労働被保険者手帳に貼付し，消印することによって雇用保険料を納付するためのものですが，それと同時に，日雇労働被保険者手帳に貼付され，消印された雇用保険印紙は，所定の枚数以上あることによって，その日雇労働被保険者手帳を所持する日雇労働被保険者に日雇労働求職者給付金の受給資格を得させる機能を有します。

したがって，これを自由に所持，使用できることとした場合には，濫用され，また雇用保険の失業等給付の詐取等に悪用されるおそれもあるため，それらを防止する意味において，取扱いを厳重にするよう定められております。すなわち，事業主が，自己の購入した雇用保険印紙を他人に譲り渡すことまたは他の事業主の購入した雇用保険印紙を譲り受けることは禁止されており，さらに，事業主その他正当な権限を有する者を除いては，何人も消印を受けない雇用保

険印紙を所持してはならないこととされております。

　ご質問のような場合も，雇用保険印紙を譲り受けることによって，入手することはできません。したがって，次の正しい手続によって購入していただかねばなりません。

　雇用保険印紙の購入には雇用保険印紙購入通帳が必要です。これは，公共職業安定所長が，事業主の申請に基づいて交付するもので，雇用保険印紙の購入および買戻しの際に必要事項を事業主が記入し，また，必要があれば公共職業安定所長の証明を受けて用いるものです。そこで，事業主は，あらかじめ雇用保険印紙購入通帳交付申請書を，事業所の所在地を管轄する公共職業安定所に提出し，雇用保険印紙購入通帳の交付を申請します。

　この申請を受けた公共職業安定所は，その事業主の事業所の所在地が管轄地域内にあることを確認し，雇用保険印紙購入通帳に所定の記載をしたうえでその通帳を事業主に交付します。

　なお，雇用保険印紙購入通帳を滅失したり，毀損した場合，あるいは記入すべき欄がなくなった場合は，その旨を事業所の所在地を管轄する公共職業安定所に申し出て再交付を受けなければならないことになっています。事業主は，実際に雇用保険印紙を購入しようとするときは，交付を受けた雇用保険印紙購入通帳に，購入しようとする雇用保険印紙の種類別枚数，購入年月日，労働保険番号並びに事業主の氏名または名称および住所または所在地を記入し（書き損じたときはその１欄を抹消し，押印したうえ，次の欄を使用します），雇用保険印紙を販売する日本郵便株式会社の営業所に提出しなければなりません。

　また，雇用保険印紙購入通帳の交付を受けると，事業主は雇用保険印紙受払簿を備え付けて雇用保険印紙の受払状況を記録し，毎月の印紙の受払状況を翌月末日までに印紙受払報告書によって都道府県労働局特別会計歳入徴収官に報告する義務が生じます。

② 一般保険料　209

Q116 | 雇用保険印紙の貼付方法は？

　当社は，新規に適用事業所となったので，適用事業所としての届出等をすませ，雇用保険印紙を購入してきました。つきましては，次の場合の雇用保険印紙の貼付方法等についてお教えください。

(1) 雇用保険適用後，雇用保険印紙を購入するまでに雇用した日雇労働被保険者に対する雇用保険印紙の貼付方法

(2) 雇用した日雇労働被保険者が，その日にすでに他の事業所に雇用されており，その日分の雇用保険印紙が貼付されている場合の貼付方法

Ⓐ　(1)についてですが，事業所が当然適用あるいは任意適用により雇用保険の適用事業所となった場合，そのときから雇用される日雇労働被保険者には，賃金を支払うつど，その日雇労働被保険者手帳（以下「被保険者手帳」といいます）には雇用保険印紙（以下「印紙」といいます）を貼付し，消印することによって印紙保険料を納入しなければなりません。

　しかしながら，あらたに雇用保険の適用を受けることとなってから，実際に各種届出，印紙の購入等の事務をすますまでには若干の時間を要します。そのため，ご質問のように事業主や日雇労働被保険者に故意や過失がない場合であっても，事業主が印紙を所持していないため，印紙を貼付することができない場合が生じます。

　印紙の貼付は賃金を支払うつど行うのが原則ですが，このような場合は，事務処理上やむを得ないものとし，遡って印紙を貼付することが認められています。印紙を購入したら，すみやかに適用と決定した日から印紙の購入日の前日までの期間について，その雇用した日雇労働被保険者の被保険者手帳に，印紙を貼付してください。

　この場合において，たとえ印紙を貼付したとしても，すでに日時が経過したことによって，その印紙の貼付を受ける日雇労働被保険者の日雇労働求職者給

210　第3編　労働保険徴収法〔Q116〕〔Q117〕〔Q118〕

付金の受給要件を満たすための効果を印紙を有しないため，または過去において雇用した日雇労働被保険者がすでに他の事業所に転職したこと等によって，事業主が被保険者手帳に印紙を貼付しなかった場合には，その納入されなかった保険料は，歳入徴収官の発行する納入告知書によって納付することとなります。

　なお，この場合は，被保険者手帳に印紙を貼付しなかったことが，追徴金を徴収しないこととなる正当な事由に該当するため，追徴金は徴収されません。ただし事業主が故意または過失によって適用に関する事務処理を遅延させた場合は，追徴金は徴収されます。

　(2)についてですが，ご質問のように，日雇労働被保険者が，1暦日に2以上の事業主に雇用された場合は，その各々の事業主が印紙を貼付することを要します。印紙は賃金支払の基礎となった日の欄に貼付することになっていますが，被保険者手帳の印紙貼付台帳の貼付欄は，1日について1欄しかありませんので，重ねて貼付することになります。この場合，あとから貼付する印紙は，すでに貼付してある印紙の消印がわかるように少しずらして貼付してください。

Q117　雇用保険率が毎年変更されるのは何故か？

　年度更新の時期になると，雇用保険率が毎年変更になっているようですが，何故ですか。また，労使の負担割合が異なるようですが，何故ですか。

Ⓐ　一般保険料のうち雇用保険率は，徴収法第12条第4項により1,000分の15.5（農林水産等・清酒製造の事業は1,000分の17.5，建設の事業は1,000分の18.5）となっています。

　しかし，雇用保険の保険事故である失業，雇用継続困難な事由等は，経済の変動に応じかなり増減するので，雇用保険の収支を単年度ごとにバランスを取ることは難しく，会計年度末に収支を計算し，雇用保険率を1,000分の9.5から

2 一般保険料　211

1,000分の17.5（農林水産等・清酒製造の事業は1,000分の11.5〜19.5，建設の事業は1,000分の12.5〜20.5）の範囲内で，労働政策審議会の意見を聴き，期間を定めて，厚生労働大臣が弾力的に変更することができることになっています（徴収法12条5項，附則11条）。

　雇用保険二事業率については1,000分の3.5（建設の事業は1,000分の4.5）と規定されています。この二事業率についても二事業に関する会計年度末の収支を計算した結果，二事業に係る保険料収入等の1.5倍を超えて余っている場合には，1年間，1,000分の0.5の率を下げることになっています（徴収法12条8項）。

　それらの規定の結果，雇用保険率については，毎年度検討し，大臣が告示することになり，令和2年度は1,000分の9（農林水産等・清酒製造の事業は1,000分の11，建設の事業は1,000分の12）となっています。

　保険料の負担ですが，失業等給付に関しては労使折半とし，二事業に関しては全額事業主負担になっています。その結果，次のようになります。

（令和2年度）

事　業　＼　負担者	労働者負担	事業主負担	雇用保険率
一般の事業	3／1,000	6／1,000	9／1,000
農林水産等・清酒製造の事業	4／1,000	7／1,000	11／1,000
建設の事業	4／1,000	8／1,000	12／1,000

Q118　労災保険率が，3年ごとに改定されるのは何故か？

　毎年春になると，労働保険料の確定申告を行っているのですが，雇用保険率については毎年お知らせがありますが，労災保険率については，確か，3年に1回の変更のようなのです。何故でしょうか。

212 第3編 労働保険徴収法〔Q118〕〔Q119〕〔Q120〕

（A）社会の経済情勢は変化が激しく，それに伴い雇用情勢も激しく変化します。そのため，数年単位で雇用情勢を勘案して雇用保険率を判断するのは難しく，年単位で見直すシステムになっています。

一方，労災保険については，基本的に雇用情勢と連動することはないので，徴収法第12条第2項で，次のように規定しています。

「労災保険率は，労災保険法の規定による保険給付及び社会復帰促進等事業に要する費用の予想額に照らし，将来にわたつて，労災保険の事業に係る財政の均衡を保つことができるものでなければならないものとし，政令で定めるところにより，労災保険法の適用を受けるすべての事業の過去3年間の業務災害及び通勤災害に係る災害率並びに二次健康診断等給付に要した費用の額，社会復帰促進等事業として行う事業の種類及び内容その他の事情を考慮して厚生労働大臣が定める。」

つまり，3年間の状況により変化がある場合には改定するシステムになっています。その結果として3年に1回改定されることになります。

Q119 雇用保険に加入中の高齢者の雇用保険料は，免除されるのか？

雇用保険が改正され，平成29年1月から，65歳以降で新たに雇用された場合も被保険者になると聞きました。今まで雇用保険料は免除されていましたが，今後は免除されなくなるのでしょうか。教えてください。

（A）平成29年1月1日から65歳以上の加入者を「高年齢被保険者」と名称が変更になりました。

今までは，65歳前から65歳以降継続して加入している人を「高年齢継続被保険者」として，各年度の初日（4月1日）に64歳以上の加入者（短期雇用特例被保険者と日雇労働被保険者は除きます）については，雇用保険部分の保険料

② 一般保険料　213

については労使負担分ともに免除されていました。しかし，65歳以上の人も原則として加入者となるので，他の加入者同様保険料を支払うことになります。しかし，経過措置が設けられていて，令和2年度（2020年4月1日）より保険料徴収の対象になりました。他の被保険者と同様です。

Q120　保険料を納期限を過ぎても納付しない場合のペナルティーは？

私は精密機械工場の労務担当をしている者です。このたび，ある事情から労働保険の保険料の納付が遅れてしまいました。保険料の納期限を過ぎても保険料を納入しないときは，一定の追徴金や延滞金を徴収されると聞きましたが，それはどのようなものでしょうか，期間，額などご説明ください。

A 労働保険料は，自主申告・自主納付制になっています。そのため，政府は労働保険料の申告書を提出しない事業主に対しては追徴金を課したり，納付期限までに労働保険料を納めない事業主に対しては延滞金を徴収しています。

事業主が確定保険料の申告書を提出しないとき，または申告書の記載に誤りがあると認める場合に，政府は，労働保険料の額を決定し，事業主に通知することになっています（徴収法19条4項）。このように政府が労働保険料額を決定することを認定決定といいます。通知を受けた事業主は，その決定により納付しなければならない労働保険料がある場合，通知を受けた日から15日以内に納付しなければなりません（徴収法19条5項）。確定保険料を認定決定された場合，原則として，その納付すべき額（その額に1,000円未満の端数があるときは切り捨てます）の100分の10（印紙保険料の場合は100分の25）の追徴金が課されます（徴収法21条1項）。したがって，労働保険料の申告書は正しく記載し，決められた期限までに提出しなければなりません。

214 第3編 労働保険徴収法〔Q120〕〔Q121〕

　なお，災害やその他事業主の責に帰することのできない理由で，保険料を指定期限内に申告・納付できないような場合には，事業主は「追徴金不徴収申請書」に官公署の証明書を添付して歳入徴収官あて提出すれば調査結果によっては，追徴金を徴収されないこともあります。

　ところで，申告書は提出しても保険料を納期限までに納付しないと，期限を指定した督促状が送付されます。この督促状の指定する期限（督促状発行の日から10日以上経過した日）までに，督促された保険料を納付しないと，延滞金が賦課されます。延滞金は，遅延利息という性格をもっています。延滞金の額は，年14.6％（納期限の翌日から2月を経過する日までの期間については，年7.3％）の割合で法定の納期限（継続事業第1期の場合は7月10日）の翌日から，保険料完納または財産差押えの日の前日までの日数によって計算されます。

　ただし，延滞金に乗ずる割合については，軽減措置が講じられ，当分の間，特例により計算することになっています（徴収法附則12条）。

　それによると，「各年の特例基準割合が年7.3％に満たない場合は，年14.6％にあっては当該延滞金に乗ずる割合を特例基準割合に7.3％を加算した割合とし，年7.3％にあっては当該延滞金に乗ずる割合を特例基準割合に1％を加算した割合（加算した割合が7.3％を超える場合は7.3％）とする」としています。

　その「特例基準割合」とは，租税特別措置法の規定により各年の前々年の10月から前年の9月までの各月における銀行の新規の短期貸出約定平均金利の合計を12で除して得た割合として，各年の前年の12月15日までに財務大臣が告示する割合に年1％の割合を加算した割合をいいます。

　その結果，令和元年において（適用期間は令和2年1月1日〜令和2年12月31日），財務大臣が告示した割合が0.6％であるため，特例基準割合は1.6％であり，7.3％については2.6％になり，14.6％については8.9％になっています。

　そして，督促された保険料額の一部について納付されたときは，その納付の日の前日までの延滞金については，納期限の翌日から一部納付の日の前日までの日数に応じ督促された保険料の全額について計算し，一部納付の日以後の延滞金については一部納付の日から督促された保険料の完納または財産差押えの日の前日までの日数に応じ，督促された保険料の全額から一部納付の額を控除

②　一般保険料　215

した残額について計算されます。

　なお，延滞金を計算する場合，保険料の額に1,000円未満の端数があるとき
は，これを切り捨て，計算した延滞金の額に100円未満の端数があるときは，
これを切り捨てることになっています。

　延滞金は，保険料の滞納につき，遅延利息として事業主に対して賦課される
わけですが，滞納事由のいかんを問わずこれを課すときは，事業主に苛酷な負
担を与えることにもなるので，督促状の指定期限までに徴収金を完納したとき，
保険料を納付しないことについてやむを得ない事情があると認められるときな
ど，一定の事由に該当するときは，延滞金が徴収されないこともあります。保
険料を納付しないことについてのやむを得ない事情とは，通信・交通の途絶や
火災，地震，洪水などで事業所が被害を受けた場合等です。徴収されない延滞
金は納付困難と認められる期間分の延滞金です。その他の理由は"やむを得な
い"として認められませんので，念のため申し添えておきます。

Q121　見舞金を支給した場合の各種保険料は控除すべきか？

　業務上の傷病に係る休業補償費および会社から支給する見舞金
に関してお尋ねします。当社の規定によると，社員が業務上負傷
した場合，労災保険より休業補償給付の支給を受け，平均賃金の
40％は会社の規定により見舞金として，その休業期間中支給され
るようになっています。

　この場合，雇用保険に関る労働保険料，健康保険料，厚生年金
保険料の控除および払込みはどうなるでしょうか。賃金としての
給料が支給されない点，会社としては控除の方法がないと思いま
すが，社員である以上，社会保険の資格は存続しておきたいと考
えます。

　また，見舞金の40％を給料の一部として支給した場合，労災保
険から休業補償給付の支給は受けられますか。

216　第3編　労働保険徴収法〔Q121〕

Ⓐ　　事業主が控除，納付する雇用保険に係る一般保険料は，被保険者に支払われた賃金に基づいて算定されます（徴収法11条等）。そこで賃金とは何かといいますと，「賃金，給料，手当，賞与その他名称のいかんを問わず，労働の対償として事業主が労働者に支払うもの」（徴収法2条2項）です。つまり，

　(1)　事業主が労働者に支払ったものであること

　(2)　労働の対償として支払ったものであること

の2つの要件を備えたものです。

　したがって，事業主が労働者に支払ったものであっても，実費弁償的なものとか，恩恵的なものは，雇用保険料の控除対象とはなりません。

　ご質問の労災保険から休業補償給付がある場合，差額平均賃金の40％を支払う見舞金は，賃金として支払うものでなく，休業補償として支払われるものです。労基法第76条の規定に基づく休業補償は，無過失賠償責任に基づき事業主が支払うものであり，労働の対償ではないので賃金ではありません。なお，休業補償の額が平均賃金の60％を超えても，その額を含めて賃金とは認められません。雇用保険料は，事業主が被保険者に支払った賃金の総額に1,000分の9（農林水産業等清酒製造の事業等は11，土木建設の事業は12）を乗じて算出しますが，平均賃金の40％の見舞金は休業補償であって賃金ではないのですから，その者の賃金はゼロでその期間分の保険料を納付する必要はありません。

　一方，健康保険，厚生年金保険では，事業主から何らの報酬（賃金）を受けない場合でも，被保険者である限り保険料を納付しなければなりません。この点，毎月実際に支払われる賃金をもとにして保険料を算定する雇用保険と違っています。

　健康保険，厚生年金保険の保険料は，原則として，事業主と被保険者が折半して2分の1ずつ負担しますが，納付義務は事業主にあります。ですから，報酬が皆無であっても，事業主は保険料を納付しなければなりません。この立替え納付した被保険者負担分をどう返済するかは，被保険者と話し合いで解決することになります。

　なお，保険料を控除できるのは報酬にかぎられていますので，事業主が支払う休業補償（平均賃金の40％）からの保険料控除は，被保険者と特約がないか

ぎりできません。

　なお，見舞金の40％を給料の一部として支給した場合でも，労災保険から休業補償給付は受けられます。労災保険では，賃金の60％未満の支給は休業補償とみなさないからです。

218　第3編　労働保険徴収法〔Q122〕

③ 費用徴収

Q122 労働保険の成立手続を怠っている間に，労災事故が生じ保険給付された場合はどうなるのか？

　当社は，数年前から事業を行っています。当初は従業員がおらず，役員だけで行っていました。しかし，お陰様で順調に事業が拡大し，3，4年ほど前から従業員を雇い始めました。

　先日，社員が仕事に関連してけがをし，目下入院しております。労災保険に加入する手続をしていないのですが，今から加入することはできるでしょうか。

A　労災保険は，原則として事業主が労働者を雇用した場合，その日から強制加入です（法人の場合は，例外なく強制加入です）。その手続を怠っていた場合は，労働保険関係成立届の提出と，労働保険料を支払うことになります。実際は数年前から労働者を雇用していれば，雇用した時に遡って保険料を支払うことになります。ただし，時効の関係で遡りは最大で2年間です。

　労働基準監督署から，成立手続を行うよう指導を受けていたにもかかわらず，手続を行わなかった場合は，監督署が職権による保険関係成立届と労働保険料額の決定（「認定決定」といいます。）を行うことになります。その場合には，遡って労働保険料を徴収され，併せて追徴金（10％）が徴収されます。

　また，事業主が故意または過失により，労働保険の手続を行わない期間中に労働災害が生じ保険給付を行った場合は，遡って労働保険料の徴収（併せて追

③ 費用徴収　219

徴金の徴収）と労災保険給付に要した費用の全部または一部を徴収されます。

　この場合の「故意」とは，労働保険関係の成立手続を行うように指導されていたにもかかわらず，手続を行わない間に労働災害が生じ保険給付を行った場合に「故意」と認定され，保険給付額の100％が費用徴収されます。

　「過失」の場合は，労働保険関係の成立手続を行うように指導されていたわけではないが，適用事業所になって１年を経過してもなお手続をしない間に労働災害が生じ労災保険給付を行った場合に「過失」と認定され，保険給付額の40％の金額が費用徴収されます。

　貴社の場合，労働保険の成立手続を労働基準監督署から指導を受けていたか否かにより，費用徴収される割合が違ってきます。今後はこのようなことがないようお気をつけください。

220　第3編　労働保険徴収法〔Q123〕

④ 特 別 加 入

Q123 中小事業主が労災保険に特別加入する方法と保険料の計算方法は？

当社は，従業員が30名の自動車部品の製造を行っている中小企業です。社長以下役員も従業員と同様に仕事をしているので，怪我が心配です。労災保険に特別加入する方法があると聞きました。加入方法，保険料の計算方法等について教えてください。

Ⓐ　労災保険は，本来労働者の労働災害に対して補償する保険ですから，労働者ではない事業主等には適用されません。しかし，中小事業主等の中には，労働者と同様に働いている等，労災保険で保護するにふさわしい者がいます。そこで，特別加入制度が設けられています。したがって，特別加入するためには条件があり，その条件に該当することが必要です。

(1) 中小事業主等の特別加入の条件…下記のいずれかに該当する事業主です。

> ① 常時使用する労働者が300人以下
> ② 金融業，保険業，不動産業，小売業を主たる事業とする事業主については50人以下
> ③ 卸売業，サービス業を主たる事業とする事業主については100人以下

(2) 加入方法

労働保険事務組合に労働保険事務を委託していること，つまり労働保険事務組合に加入していることが必要です。また，法人の役員全員が包括して加

入しなければなりません。

　（注）　事業主の地域的条件は，2020年（令和2年）4月からなくなりました。

(3)　補償される内容

　基本的には労働者と同様です。業務上，通勤途上に起因する負傷，疾病，障害，死亡における給付が受けられます。ただし，労働者と同様な仕事をしている場合に給付されるのであって，法人の代表者，役員としての業務に関しては補償されません。

(4)　保険料の算定基準

　法人の役員は，役員報酬であって賃金ではありませんから，賃金に代わるものとして，特別加入者だけの給付基礎日額が定められています。現在，3,500円，4,000円，5,000円，6,000円，7,000円，8,000円，9,000円，10,000円，12,000円，14,000円，16,000円，18,000円，20,000円，22,000円，24,000円，25,000円の16種類があります（家内労働者の場合のみ2,000円，2,500円，3,000円もあります）。これらの中から選んで，承認を受けることになります。したがって，休業補償給付等の保険給付を受けるときは，この給付基礎日額を基に給付額が決められます。

(5)　特別加入保険料の計算方法

　給付基礎日額を365倍したものを1年間の賃金総額とみなして（保険料算定基礎額といいます），その額にその事業における労災保険率（貴社の社員の労災保険率と同じ率）を乗じた額が特別加入保険料になります。

　年度の途中で加入したり脱退したりした場合等は，保険料算定基礎額を12で除し（その額に1円未満の端数があるときは1円に切り上げる），その額に加入月数（1月に満たない場合は1月とする）を乗じた額をその年度の保険料算定基礎額とします。

　貴社の場合，従業員30名の会社ですから，労働保険事務組合に加入して労働保険事務を委託すれば，特別加入することができます。

222　第3編　労働保険徴収法〔Q124〕

Q124 バイク便事業者は，労災保険に特別加入することができるか？

当方は，運送業を営む会社です。時々，バイク便の業者に仕事を委託しています。何かと事故の多い仕事ですので，怪我が心配です。労災保険に特別加入する方法があると聞きました。加入方法等教えてください。

A　労災保険は，本来労働者の労働災害に対して補償する保険ですから，労働者ではない事業主等には適用されません。しかし，中小事業主等の中には，労働者と同様に働いている等，労災保険で保護するにふさわしい者がいます。そこで，特別加入制度が設けられています。

特別加入には種類があり，中小事業主等が加入する第1種特別加入，一人親方等が加入する第2種特別加入，海外派遣者が加入する第3種特別加入の3種類です。お尋ねのバイク便業者は，一人親方等が加入する第2種特別加入になります。

第2種特別加入とは，労働者を使用しないで一定の事業を行うことを常態とする一人親方その他の自営業者およびその事業に従事する人が加入できます。その一定の事業は，自動車を使用して行う旅客または貨物の運送の事業（個人タクシーや個人貨物運送業者など），土木，建築その他の工作物の建設，改造，保存，原状回復，修理，変更，破壊もしくは解体またはその準備の事業（大工，左官，とび職人など）等の7つの事業（労災保険則46条の17）が定められています。そのうちの「自動車を使用して行う旅客または貨物の運送の事業」の中に，「原動機付自転車を使用して行う貨物運送事業（他人の需要に応じて，有償で，貨物を運送する事業）」を行う者も含まれています。したがって，バイク便運送業者も特別加入することができます。

加入方法ですが，その事業を行う一人親方等（この場合バイク便事業者）の団体（「特別加入団体」といいます）に加入して，その団体を通して特別加入します。法的にはその特別加入団体を事業主とみなし，一人親方等を労働者と

みなして労災保険に加入することになります。特別加入団体の有無などわからなければ，お近くの都道府県労働局または労働基準監督署にお尋ねください。給付基礎日額や給付の内容などは原則として他の特別加入者の場合と同様です。

⑤ 労働保険事務組合

Q125　労働保険事務組合の認可を受けられる基準と手続は？

　私は，現在，社会保険労務士として70人の事業主より委託を受けて労災・雇用保険の事務を行っています。私の事務所を労働保険事務組合として設立するためには，どのような手続をとるのでしょうか。厚生労働省の認可基準に適するか否かも知りたくご指導願います。

Ⓐ　労働保険事務組合とは，事業主で構成されている業種別組合や商工会その他の事業主団体またはその連合団体が，厚生労働大臣の認可を受けて，その構成員である委託事業主に代わって，労働保険事務（保険料の納付・申告書の作成・届出など）を処理できる団体等の呼称です。

　事業主団体等が法人であるか任意の団体であるか問いませんが，労働保険事務組合は単に事業主団体等の代理人にとどまるだけでなく，政府との間に保険料の納入などの責任を負うものであるため，労働保険事務組合の認可を受けるためには事業主団体等が次の条件等を備えていることが必要とされます。

　ア　団体としての本来の事業目的をもって活動し過去２年間適正な事業運営を行っていること。

　イ　法人でない団体については，団体を代表するものを定めており，その事業の内容，構成員の範囲，その他組織，運営方法が明確にされていること。

⑤ 労働保険事務組合　225

　ウ　定款などに定める事業目的に，事業主の委託を受けて労働保険事務を処
　　理できる旨の定めがあること。
　エ　労働保険事務を確実に処理できる事務処理体制が確立していること。
　オ　団体に相当な財産を有し，団体の経理状況が健全なものであること。
　カ　労働保険事務処理の委託をしようとする事業主が30以上であって，その
　　所在地が，原則として，その団体の主たる事務所の所在地を中心として，
　　規則に定められた地域内であること。
　労働保険事務組合となるには，厚生労働大臣の認可が必要ですが，その手続
としては，次の書類を団体の主たる事務所の所在地の所轄公共職業安定所長を
経由して都道府県労働局長に提出します。労働保険事務組合の認可は，厚生労
働大臣の権限において行われるのですが，その認可事務は所轄都道府県労働局
長に委任され，処理されることになっています。
　ア　労働保険事務組合認可申請書（様式第16号）
　イ　団体の定款または規約
　ウ　最近の財産目録，貸借対照表，損益計算書，収支決算書
　エ　労働保険事務処理規約
　以上の認可申請は，事業主団体等の代表者名で手続します。

Q126 雇用保険加入を望まない事業主を納得させる方法は？

　当方は労働保険事務組合の事務局ですが委託事業主の中には雇
用保険に加入することを望まないものが多く，なかに挟まって当
組合はどうすればよいのか困っています。その事業が当然適用で
あれば，法律でそうなっているからと説明して納得してもらえる
のですが，労災保険では当然適用であっても雇用保険では任意適
用である事業についてはどうすればよいのでしょうか。

A 　　労働保険における保険料の徴収一元化は，徴収事務を一本化して役所側および事業主側の事務処理の能率化を図ろうとするもので，それ自体きわめて望ましい方法だと思います。ご質問のように，雇用保険には加入することを望まない委託事業主があっては徴収一元化も困難だと思われます。

　行政当局も，できるだけ個々の事業場が事務組合に事務を委託するよう指導し，いわゆる単独加入を整理統合しようとしているのです。

　もちろん，当然適用事業とされても委託事業主のなかには法の趣旨を理解せず雇用保険に加入することを望まないものも相当数あるかもしれません。単に，それは事業主の認識不十分という理由のほかにも問題があるのかもしれません。たとえば労働者負担分を事業主が一時立て替えなければならないというような理由で雇用保険の加入を望まないということがあるとも考えられます。

　そのような委託事業主に対して，事務組合としては説得するほかなく，どうしても加入しないときは事務組合から外して単独で加入させるほかないでしょう。それは組合として決して望ましいことではありませんが，労働保険事務組合として徴収一本化という行政の要請に応えるためにはやむを得ないものと思います。

　事務組合は国の行政事務を委託されているものですからある程度の犠牲は覚悟すべきではないでしょうか。もちろん，事務組合だけが犠牲を負担すべきものでなく行政当局自体それだけの配慮がなければなりません。ちなみに，現在，農林水産の事業で個人経営の使用労働者数5人未満のものが任意適用事業で，それ以外のものは原則として労災保険・雇用保険の両保険とも適用事業になっています。

227

付録・特定受給資格者及び特定理由離職者の範囲と判断基準 （関連：Q83・84参照）

1 特定受給資格者及び特定理由離職者とは

特定受給資格者とは，倒産・解雇等の理由により再就職の準備をする時間的余裕なく離職を余儀なくされた者（具体的には以下の「特定受給資格者の範囲」に該当する方）であり，一方，特定理由離職者とは，特定受給資格者以外の者であって期間の定めのある労働契約が更新されなかったことその他やむを得ない理由により離職した者（具体的には以下の「特定理由離職者の範囲」に該当する方）であり，これに該当した場合，

① 失業等給付（基本手当）の受給資格を得るには，通常，被保険者期間が12か月以上（離職以前2年間）必要ですが，被保険者期間が12か月以上（離職以前2年間）なくても6か月（離職以前1年間）以上あれば受給資格を得ることができます。

② 失業等給付（基本手当）の所定給付日数が手厚くなる場合があります（注）。

（注） 以下の「特定理由離職者の範囲」のⅡに該当する場合を除きます。受給資格に係る離職理由，年齢，被保険者であった期間（加入期間）に基づき基本手当の所定給付日数が決定されることになります。被保険者であった期間（加入期間）が短い場合など，それ以外の通常の離職者と所定給付日数が変わらないこともあります。

特定受給資格者の範囲（231ページ以降をご覧ください）

Ⅰ 「倒産」等により離職した者

① 倒産（破産，民事再生，会社更生等の各倒産手続の申立て又は手形取引の停止等）に伴い離職した者

② 事業所において大量雇用変動の場合（1か月に30人以上の離職を予定）の届出がされたため離職した者及び当該事業主に雇用される被保険者の3分の1を超える者が離職したため離職した者

③ 事業所の廃止（事業活動停止後再開の見込みのない場合を含む。）に伴い離職した者

④ 事業所の移転により，通勤することが困難となったため離職した者

II 「解雇」等により離職した者

① 解雇（自己の責めに帰すべき重大な理由による解雇を除く。）により離職した者

② 労働契約の締結に際し明示された労働条件が事実と著しく相違したことにより離職した者

③ 賃金（退職手当を除く。）の額の3分の1を超える額が支払期日までに支払われなかったことにより離職した者

④ 賃金が，当該労働者に支払われていた賃金に比べて85%未満に低下した（又は低下することとなった）ため離職した者（当該労働者が低下の事実について予見し得なかった場合に限る。）

⑤ 離職の日の属する月の前6か月間のうちに3月連続して45時間，1月で100時間又は2〜6月平均で月80時間を超える時間外労働が行われたため，又は事業主が危険若しくは健康障害の生ずるおそれがある旨を行政機関から指摘されたにもかかわらず，事業所において当該危険若しくは健康障害を防止するために必要な措置を講じなかったため離職した者

⑥ 事業主が法令に違反し，妊娠中若しくは出産後の労働者又は子の養育若しくは家族の介護を行う労働者を就業させ，若しくはそれらの者の雇用の継続等を図るための制度の利用を不当に制限したこと又は妊娠したこと，出産したこと若しくはそれらの制度の利用の申出をし，若しくは利用したこと等を理由として不利益な取扱いをしたため離職した者

⑦ 事業主が労働者の職種転換等に際して，当該労働者の職業生活の継続のために必要な配慮を行っていないため離職した者

⑧ 期間の定めのある労働契約の更新により3年以上引き続き雇用されるに至った場合において当該労働契約が更新されないこととなったことにより離職した者

⑨ 期間の定めのある労働契約の締結に際し当該労働契約が更新されることが明示された場合において当該労働契約が更新されないこととなったことにより離職した者（上記⑧に該当する者を除く。）

⑩ 事業主又は当該事業主に雇用される労働者から就業環境が著しく害されるような言動を受けたことによって離職した者

⑪ 事業主から直接若しくは間接に退職するよう勧奨を受けたことにより離職した者（従来から恒常的に設けられている「早期退職優遇制度」等に応募して離職した場合は，これに該当しない。）

⑫ 事業所において使用者の責めに帰すべき事由により行われた休業が引

付録・特定受給資格者及び特定理由離職者の範囲と判断基準　229

き続き 3 か月以上となったことにより離職した者
⑬　事業所の業務が法令に違反したため離職した者

特定理由離職者の範囲（239ページ以降をご覧ください）

Ⅰ　期間の定めのある労働契約の期間が満了し，かつ，当該労働契約の更新がないことにより離職した者（その者が当該更新を希望したにもかかわらず，当該更新についての合意が成立するに至らなかった場合に限る。）（上記「特定受給資格者の範囲」のⅡの⑧又は⑨に該当する場合を除く。）（※）

（※）　労働契約において，契約更新条項が「契約を更新する場合がある」とされている場合など，契約の更新について明示はあるが契約更新の確約まではない場合がこの基準に該当します。

Ⅱ　以下の正当な理由のある自己都合により離職した者（※）
①　体力の不足，心身の障害，疾病，負傷，視力の減退，聴力の減退，触覚の減退等により離職した者
②　妊娠，出産，育児等により離職し，雇用保険法第20条第 1 項の受給期間延長措置を受けた者
③　父若しくは母の死亡，疾病，負傷等のため，父若しくは母を扶養するために離職を余儀なくされた場合又は常時本人の看護を必要とする親族の疾病，負傷等のために離職を余儀なくされた場合のように，家庭の事情が急変したことにより離職した者
④　配偶者又は扶養すべき親族と別居生活を続けることが困難となったことにより離職した者
⑤　次の理由により，通勤不可能又は困難となったことにより離職した者
　　ⅰ）結婚に伴う住所の変更
　　ⅱ）育児に伴う保育所その他これに準ずる施設の利用又は親族等への保育の依頼
　　ⅲ）事業所の通勤困難な地への移転
　　ⅳ）自己の意思に反しての住所又は居所の移転を余儀なくされたこと
　　ⅴ）鉄道，軌道，バスその他運輸機関の廃止又は運行時間の変更等
　　ⅵ）事業主の命による転勤又は出向に伴う別居の回避
　　ⅶ）配偶者の事業主の命による転勤若しくは出向又は配偶者の再就職に伴う別居の回避
⑥　その他，上記「特定受給資格者の範囲」のⅡの⑪に該当しない企業整備による人員整理等で希望退職者の募集に応じて離職した者等

（※）　給付制限を行う場合の「正当な理由」に係る認定基準と同様に判断
　　されます。
　　　失業等給付（基本手当）の所定給付日数は，特定受給資格者等以外
　　の通常の離職者と同じです。

2　特定受給資格者又は特定理由離職者に該当するかどうかの判断

　　特定受給資格者又は特定理由離職者に該当するかどうかの判断は，受給資格
に係る離職理由により，住所又は居所を管轄する公共職業安定所又は地方運輸
局（※）（以下「安定所等」という。）が行います。

　　離職理由の判定は，①事業主が主張する離職理由を離職証明書の離職理由欄
（⑦欄）により把握した後，離職者が主張する離職理由を離職票―2の離職理
由欄（⑦欄）により把握することによって，両者の主張を把握するのみならず，
②その際にはそれぞれの主張を確認できる資料による事実確認を行った上で，
最終的に安定所等において慎重に行います。

　　したがって，事業主又は離職者の主張のみで判定するものではありませんの
で，離職理由を確認できる資料の持参をお願いしております。

　　下記以降の【持参いただく資料】には，離職理由を確認できる資料として事
業主又は離職者に持参いただくものを掲げていますが，この他に安定所等に既
に提出されている資料等により確認する場合があります。

　　なお，この他，離職理由の判定に当たっては，必要に応じ，安定所等から事
情を伺わせていただいたり，確認資料の提示をお願いする場合があります。

※　船員であった方が離職後引き続き船員の求職を希望される場合は，住所又
　は居所を管轄する地方運輸局で失業等給付（基本手当）の受給手続を行って
　いただくこととなります。

★　離職理由の記載方法等については，
　　事業主は「雇用保険被保険者離職証明書についての注意」を
　　離職者は離職票―2の裏面及びリーフレット「離職票―2の離職理由欄等
　　（⑦欄及び⑰欄）の記載方法について」をご覧ください。

付録・特定受給資格者及び特定理由離職者の範囲と判断基準　　231

特定受給資格者の判断基準

Ⅰ　「倒産」等により離職した者

(1)　倒産（破産，民事再生，会社更生等の各倒産手続の申立て又は手形取引の停止等）に伴い離職した者

①　破産手続開始，再生手続開始，更生手続開始（更生特例法に基づく更生手続開始を含む。），整理開始若しくは特別清算開始の申立て等がなされたこと又は不渡手形の発生（1回を含む。）の事実が生じたことを理由として離職した場合が該当します。ただし，再建型の倒産手続の場合は，民事再生計画や会社更生計画が決定されるまでの間に離職を事業主に申し出た場合が該当します。

【持参いただく資料】裁判所において倒産手続の申立てを受理したことを証明する書類など

②　業務停止命令（業務停止命令時において業務停止期間について定めのないもの又は1か月以上のものに限る。）により当該営業業務が全て停止されたことにより，事業所の倒産がほぼ確実となったため離職した場合（業務が再開されるまでの間に離職を事業主に申し出た場合に限る。）が該当します。

【持参いただく資料】業務停止命令の事実が分かる資料など

(2)　事業所において大量雇用変動の場合（1か月に30人以上の離職を予定）の届出がされたため離職した者及び当該事業主に雇用される被保険者の3分の1を超える者が離職したため離職した者

①　事業規模若しくは事業活動の縮小又は事業の転換等に伴い，雇用対策法第27条第1項の規定による離職に係る大量の雇用変動の場合（1か月に30人以上の離職を予定）の届出が事業所の所在地を管轄する公共職業安定所にされ（されるべき場合を含む。）大量の人員整理が行われることが確実となったために離職した場合（※）が該当します。

　　　※　事業所において，30人以上の離職者が予定されている場合は，再就職援助計画を作成する義務があり，再就職援助計画の申請をした場合も，当該基準に該当します。

　　　　　また，事業所で30人以上の離職者がいないため，再就職援助計画の作成義務がない場合で，事業所が事業規模の縮小等に伴い離職を余儀なくされる者に関し，再就職援助計画を作成・提出し，公共職業安定所長の認定を受けた場合，大量雇用変動の届出がされたこととなるため，当該基準に該当します。

② 事業規模若しくは事業活動の縮小又は事業の転換等に伴い，当該事業主に雇用される雇用保険被保険者のうちの相当数の人員整理（事業主都合による解雇や勧奨退職，希望退職応募等により離職した者が，当該離職者の離職日の1年前の日（1年前より後に人員整理が開始された場合は当該人員整理開始日）と比較し，適用事業所の3分の1を超えることとなる場合）が既に行われたために離職した場合が該当します。

(3) 事業所の廃止に伴い離職した者

① 事業所が廃止されたため，当該事業所を離職した場合が該当します。

② 事業所が廃止されたのでもなく，裁判上の倒産手続が執られているのでもないが，事実上当該事業所に係る事業活動が停止し，再開される見込みがないときにおいて，当該事業所を離職した場合が該当します。

③ 会社法等の商事関係法令に基づく解散の議決が行われたため，離職した場合が該当します。

【持参いただく資料】解散の議決が行われた議事録（写）など

(4) 事業所の移転により，通勤することが困難となったため離職した者

通勤困難（通常の方法により通勤するための往復所要時間が概ね4時間以上であるとき等）な適用事業所の移転について事業主より通知され（事業所移転の1年前以降の通知に限る。），事業所移転直後（概ね3か月以内）までに離職した場合がこの基準に該当します。

【持参いただく資料】事業所移転の通知，事業所の移転先が分かる資料及び離職者の通勤経路に係る時刻表など

Ⅱ 「解雇」等により離職した者

(1) 解雇（自己の責めに帰すべき重大な理由による解雇を除く。）により離職した者

自己の責めに帰すべき重大な理由により解雇された場合を除き，事業主から解雇され離職した場合が該当します。

【持参いただく資料】解雇予告通知書，退職証明書，就業規則など

(2) 労働契約の締結に際し明示された労働条件が事実と著しく相違したことにより離職した者

被保険者が労働契約の締結に際し，事業主から明示された労働条件（以下この項目において「採用条件」という。）が就職後の実際の労働条件と著しく相違したこと又は事業主が労働条件を変更したことにより採用条件と実際の労働条件が著しく異なることとなったことを理由に，就職後1年を経過するまでの間に離職した場合が該当します。この場合の「労働条件」とは労働基準法第15条及び労働基準法施行

付録・特定受給資格者及び特定理由離職者の範囲と判断基準　　233

規則第5条において労働条件の明示が義務づけられているもの（賃金，労働時間，就業場所，業務等）です。ただし，事業主が，正当な手続を経て変更したことにより，採用条件と実際の労働条件が異なることとなった場合には，この基準には該当しません。（他の特定受給資格者に該当する場合（賃金や時間外労働の時間等）は，各々の判断基準で判断します。）

【持参いただく資料】採用条件及び労働条件が分かる労働契約書や就業規則など労働協約による変更は労使が合意した書面，就業規則による変更は労働組合等の意見を聴取した事実が分かる資料など

⑶　賃金（退職手当を除く。）の額の3分の1を超える額が支払期日までに支払われなかったことにより離職した者

下記の①又は②のいずれかに該当し，これらのあった月から起算して1年以内に離職した場合（この事実があった後，通常の賃金支払の事実が3か月以上継続した場合を除く。）が該当します。

①　現実にその月（賃金月）中に支払われた額（何月分であるかを問わない。）がその者が本来その月（賃金月）中に支払を受けるべき額の3分の2に満たない月（支払われた休業手当等の額が，その者に支払われるべき賃金月額の3分の2に満たない月も該当）が1か月以上，あった場合

②　毎月決まって支払われるべき賃金の全額が所定の賃金支払日より遅れて支払われたという事実が1回以上あった場合

【持参いただく資料】労働契約書，就業規則，賃金規定，賃金台帳，給与明細書，口座振込日が分かる預金通帳など

⑷　賃金が，当該労働者に支払われていた賃金に比べて85％未満に低下した（又は低下することとなった）ため離職した者（当該労働者が低下の事実について予見し得なかった場合に限る。）

下記の①又は②のいずれかに該当したため離職した場合が該当します。

①　離職の日の属する月以後の6か月のうちいずれかの月に支払われる賃金と当該月より前6か月のうちいずれかの月に支払われる賃金とを比較し，85％未満に低下することとなった場合

②　離職の日の属する月より前の6か月及び離職の日の属する月のいずれかの月の賃金と当該月より前6か月間のうちいずれかの月に支払われる賃金とを比較し，85％未満に低下した場合

ただし，低下する又は低下した時点から遡って1年より前の時点でその内容が予見できる場合及び出来高払制のように業績によって，各月の賃金が変動するような労働契約の場合にはこの基準に該当しません。また，懲戒や疾病による欠勤がある

234 付録・特定受給資格者及び特定理由離職者の範囲と判断基準

場合や60歳以上の定年退職に伴い賃金が低下し，同一の適用事業主に再雇用される
場合も該当しません。

　なお，この場合の「月」とは，賃金締切日の翌日から次の賃金締切日までの期間
をいい，「賃金」とは，毎月決まって定期的に支給される賃金（残業手当など業務
の繁閑により支給額が変動するもの等を除いたもの）をいいます。

【持参いただく資料】労働契約書，就業規則，賃金規定，賃金低下に関する通知書
など

(5)　離職の日の属する月の前6か月間のうちに3月連続して45時間，1月で100時間
又は2〜6月平均で月80時間を超える時間外労働が行われたため，又は事業主が危
険若しくは健康障害の生ずるおそれがある旨を行政機関から指摘されたにもかかわ
らず，事業所において当該危険若しくは健康障害を防止するために必要な措置を講
じなかったため離職した者

①　離職の日の属する月の前6か月間（賃金締切日を起算日とする各月）の間に45
時間を超える時間外労働が3月連続してあったため離職した場合，100時間を超
える時間外労働が1月あったため離職した場合，又は2〜6月平均で月80時間を
超える時間外労働があったため離職した場合等が該当します（ただし，労働時間
については，有給休暇や体調不良等のやむを得ない理由により時間外労働が行わ
れていない月がある場合には，これを除いて算定します。）。

【持参いただく資料】タイムカード，賃金台帳，給与明細書など

②　労働基準法，労働安全衛生法等の労働者保護法令や保安関係法令（いずれも一
定のものに限る。）において，職業生活を継続する上で危険又は健康障害の発生
するおそれのある旨の法令違反について，所管の行政機関により改善に係る指摘
がなされた事実があり，改善に係る指摘後，一定期間（概ね1か月程度）経過後
においても当該法令違反に係る改善が行われていないことを理由に離職した場合
が該当します。なお，労働災害により被害を受けたことにより離職した場合は改
善に係る指摘がない場合もこの基準に該当します。

(6)　事業主が法令に違反し，妊娠中若しくは出産後の労働者又は子の養育若しくは家
族の介護を行う労働者を就業させ，若しくはそれらの者の雇用の継続等を図るため
の制度の利用を不当に制限したこと又は妊娠したこと，出産したこと若しくはそれ
らの制度の利用の申出をし，若しくは利用をしたこと等を理由として不利益な取扱
いをしたため離職した者

　下記の①〜③のいずれかに該当したため離職した場合が該当します。

①　育児・介護休業法の規定に基づき，育児休業，介護休業，看護休暇，介護休暇
の申出をしたが，正当な理由なく拒まれたため，休業開始予定日までに休業又は

付録・特定受給資格者及び特定理由離職者の範囲と判断基準　235

休暇を取得できなかった場合

②　妊娠・出産をしたこと，並びに育児休業，介護休業，看護休暇，介護休暇の申出又は取得したことを理由とする不利益取扱いを受けた場合

③　事業主が育児・介護休業法，労働基準法，雇用の分野における男女の均等な機会及び待遇の確保に関する法律（船員については，船員法を含む。）の労働者保護法令（一定のものに限る。）に違反し，又は措置されなかった場合

(7)　事業主が労働者の職種転換等に際して，当該労働者の職業生活の継続のために必要な配慮を行っていないため離職した者

①　採用時に特定の職種を遂行するために採用されることが労働契約上明示されていた者について，当該職種と別の職種を遂行することとされ，かつ，当該職種の転換に伴い賃金が低下することとなり，職種転換が通知され（職種転換の1年前以内に限る。），職種転換直後（概ね3か月以内）までに離職した場合が該当します。この場合の「賃金」とは，毎月の決まって固定的に支給される賃金（残業手当など業務の繁閑により支給額が変動するもの等を除いたもの）をいいます。

【持参いただく資料】採用時の労働契約書，職種転換・配置転換の辞令（写），賃金台帳など

②　採用時に特定の職種を遂行することが明示されていなかった者であって一定期間（10年以上）同一の職種に就いていたものについては，職種転換に際し，事業主が十分な教育訓練を行わなかったことにより，労働者が専門の知識又は技能を十分に発揮できる機会を失い，新たな職種に適応することが困難なため離職した場合が該当します。したがって，事業主が職種を遂行する上で必要な教育訓練を実施し，同職種に他の職種より転換した者が適応できている場合においては，原則として，この基準に該当しません。

【持参いただく資料】採用時の労働契約書，配置転換の辞令（写）など

③　労働契約上，勤務場所が特定されていた場合に遠隔地（通常の交通機関を利用して通勤した場合に概ね往復4時間以上要する場合。④において同じ。）に転勤（在籍出向を含む。）を命じられ，これに応じることができないため離職した場合が該当します。

【持参いただく資料】採用時の労働契約書，転勤の辞令（写）など

④　権利濫用に当たるような事業主の配転命令がなされた場合

家族的事情（常時本人の介護を必要とする親族の疾病，負傷等の事情がある場合をいう。）を抱える労働者が，遠隔地に転勤を命ぜられたため離職した場合等が該当します。

【持参いただく資料】転勤の辞令（写）など

(8) 期間の定めのある労働契約の更新により3年以上引き続き雇用されるに至った場合において当該労働契約が更新されないこととなったことにより離職した者

期間の定めがある労働契約が更新され，雇用された時点から継続して3年以上雇用されている場合であり，かつ，労働契約の更新を労働者が希望していたにもかかわらず，契約更新がなされなかった場合に離職した場合が該当します。

また，契約更新が1回以上され，雇用された時点から3年以上引き続いて雇用されている労働者が，平成30年2月5日から令和4年3月31日までに契約更新上限の到来により離職した場合であって，下記の①〜③のいずれかに該当する場合は，この基準に該当します。

① 契約更新上限が当初の有期労働契約締結時に設けられておらず，当初の有期労働契約締結後に設定された場合又は不更新条項が追加された場合

② 契約更新上限が当初の有期労働契約締結後に引き下げられた場合

③ 基準日(※)以後に締結された4年6カ月以上5年以下の契約更新上限がある有期労働契約の契約更新上限の到来（定年後の再雇用に関し定められた雇用期限到来を除く。）により離職した場合。ただし，基準日(※)前から，同一の事業所の有期雇用労働者に対して，一様に4年6カ月以上5年以下の契約更新上限を設定していた場合を除く。

（※） 改正労働契約法の公布日（平成24年8月10日）

なお，定年退職後の再雇用時に契約更新の上限が定められている場合などあらかじめ定められていた再雇用期限の到来に伴い離職した場合はこの基準には該当しません。

上記の「継続して3年以上雇用されている場合」について，派遣労働者の方で，派遣就業と派遣先での直接雇用を繰り返すことについて派遣元が積極的に関与するなど一定の要件を満たす場合は，派遣先で直接雇用されていた期間も含める場合があります。

また，定年後の継続雇用を希望していたにもかかわらず，就業規則に定める解雇事由又は退職事由（年齢に係るものを除く。以下同じ。）に該当したため60歳以上65歳未満の定年により離職した場合が該当します（解雇事由又は退職事由と同一の事由として就業規則又は労使協定に定める「継続雇用しないことができる事由」に該当して離職した場合を含みます）。

【持参いただく資料】労働契約書，雇入通知書，就業規則，契約更新の通知書，タイムカードなど

(9) 期間の定めのある労働契約の締結に際し当該労働契約が更新されることが明示された場合において当該労働契約が更新されないこととなったことにより離職した者

付録・特定受給資格者及び特定理由離職者の範囲と判断基準　237

（上記(8)に該当する者を除く。）

　期間の定めのある労働契約の締結に際し，当該契約の更新又は延長を行う旨が雇入通知書等により明示されている場合（労使で契約を更新又は延長することについて確約がある場合）であり，かつ，労働契約の更新を労働者が希望していたにもかかわらず，契約更新がなされなかった場合に離職した場合が該当します。

　なお，労働契約において，契約更新条項が「契約を更新する場合がある」とされている場合など，契約更新に条件が付されているときは，ここでいう契約更新の明示（契約更新の確約）があるとは言えませんので，この基準に該当しません。

【持参いただく資料】労働契約書，雇入通知書，就業規則など

(10)　事業主又は当該事業主に雇用される労働者から就業環境が著しく害されるような言動を受けたことによって離職した者

①　上司，同僚等の「故意」の排斥又は著しい冷遇若しくは嫌がらせを繰り返し受けたことにより離職した場合が該当します。例えば，特定個人を対象とした配置転換又は給与体系等の変更が行われた場合が該当します。

　管理者が，部下の職務上の失態があった場合等に注意，叱責することは通常起こり得ることから，そのことだけをもってはこの基準に該当しません。

【持参いただく資料】特定個人を対象とする配置転換，給与体系等の変更があった場合には，配置転換の辞令（写），就業規則，労働契約書，賃金台帳など

②　事業主が男女雇用機会均等法第11条に規定する職場におけるセクシュアル・ハラスメント（以下「セクハラ」という。）の事実を把握していながら，雇用管理上の措置を講じなかった場合に離職した場合が該当します。

　この基準は，当該労働者が事業主（又は人事担当者），雇用環境・均等部室等の公的機関にセクハラの相談を行っていたにもかかわらず，一定期間（概ね１か月）経過後においても，事業主が雇用継続を図る上での必要な改善措置を講じなかったため離職した場合が該当します。

　その他，事業主が直接の当事者であり離職した場合や対価型セクハラに該当するような配置転換，降格，減給等の事実があり離職した場合も該当します。

　ただし，視覚型セクハラ（事業所にヌードポスター等を掲示し，女性従業員が苦痛に感じて業務に専念できないこと）については，例えば「隣の席の上司が，自分ひとりに繰り返し卑わいな写真を見せて反応を見て喜んでおり，同僚に相談しても信じてもらえない」ような特定の労働者を対象とするものを除き，それにより離職を決意するに至るとは通常考えられないことから，原則として，この基準に該当しません。

③　事業主が育児・介護休業法第25条，男女雇用機会均等法第11条の２に規定する

職場における妊娠，出産，育児休業，介護休業等に関する言動により労働者の就業環境が害されている（以下「妊娠，出産等に関するハラスメント」という。）事実を把握しながら，雇用管理上の必要な措置を講じなかった場合に離職した場合が該当します。

この基準は，当該労働者が事業主等に，上司又は同僚から妊娠，出産等に関するハラスメントを受けているとの相談を行っていたにもかかわらず事業主において雇用管理上の必要な措置を講じなかったために離職した場合において該当します。

(11) 事業主から直接若しくは間接に退職するよう勧奨を受けたことにより離職した者（従来から恒常的に設けられている「早期退職優遇制度」等に応募して離職した場合は，これに該当しない。）

① 企業整備における人員整理等に伴う退職勧奨など退職勧奨が事業主（又は人事担当者）より行われ離職した場合が該当します。

② 希望退職募集（希望退職募集の名称を問わず，人員整理を目的とし，措置が導入された時期が離職者の離職前1年以内であり，かつ，当該希望退職の募集期間が3か月以内であるものに限る。）への応募に伴い離職した場合が該当します。

【持参いただく資料】希望退職募集要綱，離職者の応募事実が分かる資料など

(12) 事業所において使用者の責めに帰すべき事由により行われた休業が引き続き3か月以上となったことにより離職した者

経済情勢の変動その他により正常な事業活動を継続することが困難となった場合に，一時的に全日休業し，規定により休業手当の支払が3か月以上連続していた場合に該当します。ただし，休業手当の支給が終了し，通常の賃金支払がなされるようになってから離職した場合はこの基準に該当しません。

【持参いただく資料】賃金台帳，給与明細書など

(13) 事業所の業務が法令に違反したため離職した者

事業所が法令違反の製品を製造し，あるいは販売する等被保険者の就職当時の事業内容と相違し，又は，その製品の製造，あるいは販売を禁止する法令が新たに公布されたにもかかわらず，従来どおりの製造，あるいは販売を継続している等，事業所の業務が法令に違反した場合であり，当該法令違反の事実を知った後，3か月以内に離職した場合が該当します。なお，事業所において製造する製品が品質管理上の問題があった場合等はこの基準には該当しません。

【持参いただく資料】事業主の業務が法令に違反した事実が分かる資料

付録・特定受給資格者及び特定理由離職者の範囲と判断基準　239

特定理由離職者の判断基準

I 期間の定めのある労働契約の期間が満了し，かつ，当該労働契約の更新がないことにより離職した者（その者が当該更新を希望したにもかかわらず，当該更新についての合意が成立するに至らなかった場合に限る。）

　期間の定めのある労働契約について，当該労働契約の更新又は延長があることは明示されているが更新又は延長することの確約まではない場合（※1）であって，かつ，労働者本人が契約期間満了日までに当該契約の更新又は延長を申し出たにもかかわらず，当該労働契約が更新又は延長されずに離職した場合に該当します。

　また，雇用された時点から契約期間が3年未満又は契約期間が3年以上で1回以上契約更新されていない労働者が，平成30年2月5日から令和4年3月31日までに契約更新上限の到来により離職した場合であって，下記の①～②のいずれかに該当する場合は，この基準に該当します。

① 契約更新上限が当初の有期労働契約締結時に設けられておらず，当初の有期労働契約締結後に設定された場合又は不更新条項が追加された場合

② 契約更新上限が当初の有期労働契約締結後に引き下げられた場合

　なお，労働契約において，当初から契約の更新がないことが明示されている場合（※2）は，基本的にはこの基準に該当しません。

　【持参いただく資料】労働契約書，雇入通知書，就業規則など

　（※1） 労働契約において，「契約を更新する（しない）場合がある」，「○○○の場合は契約を更新する」など，契約の更新について明示はあるが，契約更新の確約まではない場合をいいます。

　（※2） 労働契約において，「契約の更新なし」など，更新がない旨が明示されている場合をいいます。

II 以下の正当な理由のある自己都合により離職した者

(1) 体力の不足，心身の障害，疾病，負傷，視力の減退，聴力の減退，触覚の減退等により離職した者

　　下記の①又は②のいずれかに該当したため離職した場合が該当します（①に該当するが②に該当しない場合は，この基準に該当しません）。

　① 上記に掲げた身体的条件その他これに準ずる身体的条件のため，その者の就いている業務（勤務場所への通勤を含む。）を続けることが不可能又は困難となっ

240　付録・特定受給資格者及び特定理由離職者の範囲と判断基準

た場合

② 上記に掲げた身体的条件その他これに準ずる身体的条件のため，事業主から新たに就くべきことを命ぜられた業務（当該勤務場所への通勤を含む。）を遂行することが不可能又は困難である場合

【持参いただく資料】医師の診断書など

(2) 妊娠，出産，育児等により離職し，雇用保険法第20条第1項の受給期間延長措置を受けた者

離職理由が雇用保険法第20条第1項の受給期間の延長事由に該当し，かつ，離職の日の翌日から引き続き30日以上職業に就くことができないことを理由として，当該事由により受給期間の延長措置の決定を受けた場合が該当します。

【持参いただく資料】受給期間延長通知書など

(3) 父若しくは母の死亡，疾病，負傷等のため，父若しくは母を扶養するために離職を余儀なくされた場合又は常時本人の看護を必要とする親族の疾病，負傷等のために離職を余儀なくされた場合のように，家庭の事情が急変したことにより離職した者

父又は母の死亡，疾病，負傷等に伴う扶養の例及び常時本人の看護を必要とする親族の疾病，負傷等の例であり，この基準は「家庭の事情の急変」による離職が該当します。

常時本人の介護を必要とする親族の疾病，負傷等により離職した者（心身に障害を有する者の看護のために離職した者を含む。）といえるためには，事業主に離職を申し出た段階で，看護を必要とする期間がおおむね30日を超えることが見込まれていたことが必要です。

なお，自家の火事，水害等により勤務継続が客観的に不可能又は困難となった理由があると認められるときはこの基準に該当するものであり，学校入学，訓練施設入校（所），子弟教育等のために離職することはこの基準に該当しません。

【持参いただく資料】所得税法第194条に基づく扶養控除等申告書，健康保険証，医師の診断書など

(4) 配偶者又は扶養すべき親族と別居生活を続けることが困難となったことにより離職した者

配偶者又は扶養すべき親族と別居を続けることが，家庭生活の上からも，経済的事情等からも困難となったため，それらの者と同居するために事業所へ通勤が不可能又は困難な地へ住所を移転し離職した場合が該当します。

【持参いただく資料】転勤辞令，住民票の写し，所得税法第194条に基づく扶養控除等申告書，健康保険証など

付録・特定受給資格者及び特定理由離職者の範囲と判断基準　241

⑸　次の理由により，通勤不可能又は困難となったことにより離職した者

　　次の理由により，通勤困難（通常の方法により通勤するための往復所要時間が概ね4時間以上であるとき等）となったため離職した場合に該当します。

【持参いただく資料ⅰ）～ⅶ）共通】離職者の通勤経路に係る時刻表など

　ⅰ）結婚に伴う住所の変更

　　　結婚に伴う住所の移転のために事業所への通勤が不可能又は困難となったことにより勤務の継続が客観的に不可能又は困難となり離職した場合（事業主の都合で離職日を年末，年度末等としたような場合を除き，離職から住所の移転までの間がおおむね1か月以内であることを要する。）に該当します。

　　【持参いただく資料】住民票の写しなど

　ⅱ）育児に伴う保育所その他これに準ずる施設の利用又は親族等への保育の依頼

　　　被保険者の住所若しくは職場の近隣又は通勤経路上の適当な場所に保育所等保育のための施設又は親族等がなく（当該施設又は親族等が適当な場所にあったとしても勤務の時間帯と保育の時間帯との関係等により，それぞれの利用保育の依頼もできないという客観的な事情がある場合も含む。），かつ，上述した以外の保育所等保育のための施設を利用したり，親族等に保育を依頼するとすれば，通勤が不可能又は困難となる場合に該当します。

　　【持参いただく資料】保育園の入園許可書など

　ⅲ）事業所の通勤困難な地への移転

　　　移転後の事業所への通勤が，被保険者にとって不可能又は困難となる客観的事情がある場合に該当します。

　　【持参いただく資料】事業所移転の通知，事業所の移転先が分かる資料など

　ⅳ）自己の意思に反しての住所又は居所の移転を余儀なくされたこと

　　　例えば，住居の強制立退き，天災等による移転等により，通勤が不可能又は困難となる場合に該当します。

　　【持参いただく資料】住居の強制立退き，天災等の事実を証明できる書類

　ⅴ）鉄道，軌道，バスその他運輸機関の廃止又は運行時間の変更等

　　　ⅳ）と同様に，他動的な原因による通勤困難な場合に該当します。

　　【持参いただく資料】鉄道，軌道，バスその他運輸機関の廃止又は運行時間の変更に係る書類

　ⅵ）事業主の命による転勤又は出向に伴う別居の回避

　　　被保険者本人が事業主から通勤が不可能又は困難な事業所へ転勤又は出向を命ぜられ，配偶者又は扶養すべき同居の親族と別居することを余儀なくされたために退職した場合に該当します。

【持参いただく資料】転勤辞令，離職者が離職事由を記載した申立書，住民票の写し，所得税法第194条に基づく扶養控除等申告書，健康保険証など

ⅶ）配偶者の事業主の命による転勤若しくは出向又は配偶者の再就職に伴う別居の回避

　　被保険者の配偶者がその事業主から通勤が不可能又は困難な事業所へ転勤又は出向を命ぜられ，或いは再就職のために，当該配偶者が住居を移転することとなった場合において，被保険者が当該配偶者と同居を続けるために住所を移転することとなった場合において，被保険者が当該配偶者と同居を続けるために住所を移転することとなったが，その結果，移転後の住所地から事業所への通勤が不可能又は困難となることにより離職した場合に該当します。

【持参いただく資料】転勤辞令，住民票の写しなど

⑹　その他，上記「特定受給資格者の範囲」のⅡの⑾に該当しない企業整備による人員整理等で希望退職者の募集に応じて離職した者等

★　窓口にお問い合わせください。

注　意─────────────────────────────

☆　偽りその他不正の行為で失業等給付を受けたり，又は受けようとした場合には，以後これらの失業等給付を受けることができなくなるばかりでなく，不正に受給した金額の返還・納付（３倍返し）を命ぜられ，また，詐欺罪等で処罰されることがあります。離職票の離職理由について虚偽の申告を行うことも不正行為となりますのでご注意ください。

☆　事業主の方が離職理由について虚偽の記載を行った場合，偽りその他不正の行為をしたものとして，そのような虚偽の離職理由に基づき不正に受給した者と連帯して不正受給金の返還・納付命令（３倍返し）の対象となるとともに，詐欺罪等として刑罰に処せられる場合があります。

☆　・１人以上の被保険者を事業主都合により解雇（勧奨退職，解雇予告を含む。）させた事業主

　　・事業所の被保険者の一定割合以上の特定受給資格者（一部のものを除く。）を発生させた事業主

のいずれかには，雇入れ関係助成金が支給されないこととなります。（特定理由離職者を発生させた場合は雇入れ関係助成金の支給に影響しません。）

☆　船員の方の特定受給資格者・特定理由離職者の範囲と判断基準については，上記と同様（一部を除く）ですが，詳しくは窓口へお問い合わせください。

厚生労働省・都道府県労働局・公共職業安定所（ハローワーク）

　以上が特定受給資格者及び特定理由離職者の範囲と判断基準の概要です。この
リーフレットより更に詳細にお知りになりたい場合は，都道府県労働局又はお近
くの公共職業安定所（ハローワーク）又は地方運輸局にお問い合わせください。

（2018.10～）

労働保険の実務相談〔令和2年度〕

2020年7月20日　第1版第1刷発行

編　者	全国社会保険労務士会連合会	
	https://www.shakaihokenroumushi.jp/	
発行者	山　本　　　継	
発行所	㈱中 央 経 済 社	
発売元	㈱中央経済グループ	
	パ ブ リ ッ シ ン グ	

〒101-0051　東京都千代田区神田神保町1-31-2
電話 03（3293）3371（編集代表）
　　 03（3293）3381（営業代表）
http://www.chuokeizai.co.jp/
印　刷／東光整版印刷㈱
製　本／誠　製　本　㈱

© 2020
Printed in Japan

＊頁の「欠落」や「順序違い」などがありましたらお取り替えいた
しますので発売元までご送付ください。（送料小社負担）
ISBN978-4-502-82762-4 C2334

JCOPY〈出版者著作権管理機構委託出版物〉本書を無断で複写複製（コピー）することは，
著作権法上の例外を除き，禁じられています。本書をコピーされる場合は事前に出版者著
作権管理機構（JCOPY）の許諾を受けてください。
JCOPY〈http://www.jcopy.or.jp　eメール：info@jcopy.or.jp〉

関係全法令を収録し表欄式で解説した、実務・受験に定番の書！

社会保険労務ハンドブック

全国社会保険労務士会連合会 ［編］

高度福祉社会への急速な歩み、また社会保険諸制度充実のための大幅な法改正。それに伴う労働・社会保険関係業務の顕著な拡大、複雑化……。本書は、このような状況において開業社会保険労務士、企業内の社会保険労務士ならびに業務担当者、あるいは社会保険労務士試験受験者等の方々にご活用いただけるよう、関係諸法令を従来にない懇切な解説とユニークな編集でまとめました。

毎年
好評
発売

■主な内容■

労働法規の部
第1編 個別的労働関係……第1 総説／第2 労働関係の成立・終了／第3 労働基準／第4 その他関連法規
第2編 集団的労働関係……第1 労働組合／第2 労使関係

社会保険の部
第1編 社会保険関係……第1 健康保険法／第2 健康保険法（日雇特例被保険者特例）／第3 国民健康保険法／第4 高齢者の医療の確保に関する法律／第5 厚生年金保険法／第6 国民年金法／第7 船員保険法／第8 介護保険法／第9 社会保険審査官及び社会保険審査会法
第2編 労働保険関係……第1 労働者災害補償保険法／第2 雇用保険法／第3 労働保険の保険料の徴収等に関する法律／第4 労働保険審査官及び労働保険審査会法

関連法規の部 第1 行政不服審査法／第2 社会保険労務士法
付 録 届出申請等手続一覧

中央経済社